Basiswissen

Politik / Geschichte / Ökonomie

Volker Hermsdorf

Fidel Castro

PapyRossa Verlag

Eine Übersicht aller Titel der PapyRossa-Reihe
Basiswissen Politik / Geschichte / Ökonomie
finden Sie unter shop.papyrossa.de/basiswissen

Luxemburger Str. 202, D-50937 Köln

Tel.: +49 (0) 221 – 44 85 45
Fax: +49 (0) 221 – 44 43 05
E-Mail: mail@papyrossa.de
Internet: www.papyrossa.de

Druck: Interpress

Die Deutsche Bibliothek verzeichnet diese Publikation in der Deutschen Nationalbibliografie; detaillierte bibliografische Daten sind im Internet über http://dnb.d-nb.de abrufbar

ISBN 978-3-89438-680-1

Inhalt

Vorwort

Kein anderer Mensch ist bereits zu Lebzeiten so oft für tot erklärt worden wie Fidel Castro und niemand war häufiger das Ziel von Attentatsversuchen als er. Die Motive dafür, die sowohl etwas über den bis zuletzt unbezwungenen »Comandante en Jefe« als auch über den abgrundtiefen Hass seiner Gegner offenbaren, brachte der einstige Starreporter der *New York Times*, Herbert L. Matthews, auf den knappen Nenner: »Die Kubanische Revolution ist Fidel Castros Revolution.« Das bereits zu Anfang der 1960er Jahre gefällte Urteil des US-Journalisten herrscht vielfach bis heute vor, obwohl die Kubanische Revolution – auch aus Castros eigener Sicht – eine kollektive Leistung zahlreicher Akteure und ein sich ständig verändernder, nicht abgeschlossener Prozess ist. Doch unbestritten hat der Revolutionsführer sie inspiriert und geleitet, angetrieben, gestärkt und nach ihrem Sieg gefestigt. Castro gehört im 20. Jahrhundert wie Lenin, Mao Tse-tung oder Ho Chi Minh zu den im Hegelschen Sinne »welthistorischen Individuen«, die ihre eigenen Länder und die Welt nachhaltig verändert haben. Die gestürzte einheimische Oligarchie, die Gefolgsleute des geflohenen Diktators Fulgencio Batista und ihre Verbündeten haben ihm das ebenso wenig verziehen wie die Aktionäre der enteigneten Konzerne, die Wall Street und deren jeweilige Vertreter im Kongress der USA und im Weißen Haus. Für sie war Fidel Castro so etwas wie ein Verräter seiner Klasse. Ein Abtrünniger, welcher der Gruppe der Besitzenden und Privilegierten und deren Lebensstil aus freien Stücken den Rücken gekehrt und zugleich die Möglichkeiten für ein privilegiertes Leben auf Kosten der Bevölkerungsmehrheit nicht nur in Kuba eingeschränkt hat.

Biografien über Fidel Castro existieren im Überfluss. Der hier vorgelegte Text beabsichtigt, in einer komprimierten Form die wichtigsten Wendepunkte in Castros Leben zu markieren. Zudem sollen einige Aspekte der politischen Ideen und Denkweise des Revolutionsführers dargestellt werden, die für gegenwärtige und künftige politische Auseinandersetzungen von Interesse sein könnten. Abgesehen von Fidel Castros historischer Rolle und der von ihm stets als unabdingbare Voraussetzung für wirkliche Veränderungen betonten Systemfrage sind dies unter anderem seine Positionen zu den Medien, zu Krieg und Frieden, zur Funktion politischer Kampagnen und der Mobilisierung der Volksmassen. Castros Analysen und Vorschläge zu Fragen der Abrüstung, zur Umweltpolitik, zur Nachhaltigkeit, dem verantwortlichen Umgang mit Ressourcen, zu Migration und Fluchtbewegungen und immer wieder – im Zentrum seines politischen Denkens – die Themen Gesundheit, Bildung, Gleichstellung und soziale Gerechtigkeit als vom Staat vorrangig zu garantierende Menschenrechte können angesichts der aktuellen globalen Herausforderungen vernünftigerweise kaum als rückwärtsgewandt bezeichnet werden.

Castro war praktisch eingreifender und handelnder Revolutionär, Staatsmann, Stratege und Visionär zugleich, dessen Wirkung durch eine für Politiker ungewöhnliche Einheit von Denken und Handeln verstärkt wurde. Obwohl prinzipienfest, war er kein Dogmatiker, überprüfte seine Konzepte ständig in der Praxis und war dazu in der Lage, eigene Entscheidungen zu korrigieren. Abgesehen von seinen individuellen Eigenschaften verbanden sich in der Person Castros zwei geschichtliche Epochen und ideologische Strömungen. Er selbst fasste seine historische Rolle folgendermaßen zusammen: »Ich glaube, dass mein Beitrag zur Kubanischen Revolution darin besteht, eine Synthese der Ideen Martís und des Marxismus-Leninismus zustande gebracht und sie in unserem Kampf konsequent angewandt zu haben«.

Die Person Fidel Castros polarisiert über seinen Tod hinaus. In den industrialisierten Ländern des Nordens wird Castro oft als Fossil aus einer anderen Zeit, als Dinosaurier oder bestenfalls als eine zwar historisch bedeutende, aber in ihren Ansichten überholte Persönlichkeit des vergangenen Jahrhunderts dargestellt. In den Hütten der Armen und in den Elendsvierteln des Südens gilt der Comandante Fidel dagegen als einer, der im Kampf für die Freiheit von Ausbeutung und Unterdrückung immer kompromisslos auf Seiten der »Verdammten dieser Erde« stand. Neben denen, die ihn bis heute als Diktator und Tyrannen beschreiben, gibt es auch Kritiker, die sich als progressiv bezeichnen und meinen, dass Castro letzten Endes gescheitert sei. Diese Sichtweise hält jedoch einer Überprüfung an der Wirklichkeit nicht stand. Während die meisten Länder Lateinamerikas noch immer durch soziale Ungleichheit, Massenarbeitslosigkeit, fehlende Bildungschancen und mangelnde Gesundheitsversorgung, durch Armut, Hunger und Gewalt geprägt sind, hat Kuba die meisten dieser Probleme seit 60 Jahren überwunden. Trotz der längsten und umfangreichsten Wirtschafts-, Handels- und Finanzblockade, die je über ein Land verhängt wurde, verhungert in Kuba niemand. Kein Kind muss auf der Straße leben; Kindersterblichkeit und die Analphabetenrate liegen unter den Werten der USA sowie Teilen der Bundesrepublik Deutschland und die durchschnittliche Lebenserwartung der kubanischen Bevölkerung ist die höchste aller lateinamerikanischen Länder. Nur wer bereit ist, diese Tatsachen zu ignorieren, kann Castro und das kubanische Modell als gescheitert bezeichnen.

Dennoch ist zu erwarten, dass bürgerliche Historiker und Medien Fidel Castros Leben und Denken künftig nach einem Muster darstellen werden, welches bereits Lenin beschrieben hat: »Die großen Revolutionäre wurden zu Lebzeiten von den unterdrückenden Klassen ständig verfolgt, die ihrer Lehre mit wildestem Ingrimm und wütendem Hass begegneten, mit zügellosen Lügen und Verleumdungen gegen sie zu Felde zogen. Nach ihrem Tode versucht man, sie in harmlose Götzen zu verwandeln, sie sozusagen heilig zu sprechen, man gesteht ihrem *Namen* einen gewissen Ruhm zu, … wobei man ihre revolutionäre Lehre des *Inhalts* beraubt, ihr die revolutionäre Spitze abbricht, sie vulgarisiert« (LW 25, S. 397). Fidel Castro hätte den »wütenden Hass«, die »Lügen und Verleumdungen« einer posthumen Heiligsprechung durch bürgerliche Medien und Historiker vermutlich vorgezogen. Die ungezügelten Angriffe politischer Gegner nahm er stets auch als Bestätigung der eigenen Wirksamkeit und kommentierte sie mit einem Satz seiner literarischen Lieblingsfigur Don Quijote, der seinen Knappen Sancho Panza aufgeklärt hatte: »Solange die Hunde bellen, Sancho, heißt das, dass wir reiten.«

1. Rebell – Guerillero – Staatschef

»Er wusste die Bewunderung und die Zuneigung aller zu gewinnen, ... und wir hegen keinen Zweifel daran, dass er das Buch seines Lebens mit brillanten Seiten füllen wird«, vermerkte der Pater Präfekt Francisco Barbeito 1945 im Jahrbuch des Jesuitenkollegs Belén in Havanna über den 19-jährigen Schüler Fidel Castro Ruz. Dem Absolventen des Elitegymnasiums, in dem die kubanische Oberschicht ihren politischen Nachwuchs ausbilden ließ, waren bis dahin – trotz herausragender Leistungen sowie mehrerer Sport-Auszeichnungen – vor allem Aufsässigkeit, Ungehorsam und eine rebellische Haltung bescheinigt worden. Dieser Abschnitt schien mit dem glänzenden Abschluss in Belén der Vergangenheit anzugehören. Die ausschließlich weißen Schülern vorbehaltene konservative Kaderschmiede war für viele die erste Stufe auf der Karriereleiter an die Spitze von Wirtschaft, Politik und Militär. In diesen Höhen sah der aus Galicien eingewanderte und in Kuba zu Wohlstand gekommene Gutsbesitzer Ángel Castro y Argiz auch schon seinen zweiten Sohn Fidel. Nach der positiven Abschlussbeurteilung durch die Padres standen dem am 13. August 1926 im ostkubanischen Ort Birán geborenen Sohn eines Großgrundbesitzers alle Türen offen. Da Fidel sich schon auf dem Kolleg für die juristische Laufbahn interessiert hatte, prophezeiten Mitschüler ihm eine Zukunft als gut verdienender Anwalt. Mit seiner für einen Kubaner stattlichen Körpergröße von etwa einem Meter neunzig war der kluge und gewinnende junge Mann zudem eine imposante Erscheinung und ein gern gesehener Partygast. Beruflicher und finanzieller Erfolg, eine politische Karriere, gesellschaftliches Ansehen, attraktive Frauen, teure Anzüge und luxuriöse

Autos waren für Fidel Castro Ruz im Jahr 1945 in erreichbare Nähe gerückt.

In seiner ersten Schule außerhalb des Heimatortes Birán, dem vom französischen Orden der Marianischen Brüder geführten Kolleg »La Salle« in Santiago der Cuba, hatte der mit sieben Jahren eingeschulte Fidel noch als Taugenichts gegolten. Obwohl er bereits dort durch Intelligenz und ein hervorragendes Gedächtnis auffiel, tadelten die Lehrer sein aufrührerisches Verhalten. Als der Betreuer der Schule, Bruder Bernardo, ihm zum wiederholten Mal auf den Kopf schlug, wehrte sich der Pennäler eines Tages. »Voller Wut griff ich die Butterbrote, die ich in der Hand hielt, und warf sie dem Bruder ins Gesicht. Dann bin ich auf ihn losgegangen wie ein wildes Tier und habe ihn gebissen, getreten und gekniffen. … Das war meine Rebellion. Ich war ein Schüler und er war eine Autorität, der Schüler quälte und erniedrigte«, beschrieb Fidel später die Szene (Ramonet, S. 84). Bei den Mitschülern, die ebenfalls unter den häufigen Ohrfeigen der Ordensbrüder litten, galt er als Held. Für die frommen Pädagogen war es dagegen ein unerhörter Vorgang. Nach weiteren Vorfällen mussten Fidel, sein älterer Bruder Ramón und der jüngere Raúl das Internat schließlich verlassen. »Ihre Söhne sind die drei größten Banditen, die diese Schule jemals besucht haben«, schrieb der Direktor an den Vater (ebd.). Der bekam den rebellischen Geist und das Organisationstalent seines Sprösslings selbst zu spüren. Fidel stellte sich bei einem Streik der Zuckerrohrschläger auf deren Seite und warf dem Gutsherren Ángel Castro vor, die Leute auszubeuten. Die Autorität der Eltern akzeptierte er nur, wenn ihm deren Entscheidungen einleuchteten. So drohte er nach dem Rauswurf aus dem Internat damit, das Haus anzuzünden, wenn er in Birán bleiben müsste. Er wollte weiterlernen. In dem von Jesuiten in Santiago de Cuba betriebenen Colegio Dolores gehörte Fidel bald zu den besten Schülern seiner Klasse. Das überzeugte den verärgerten Vater, ihn für die Eliteschule Belén in Havanna anzumelden. Dieses Colegio galt nicht gerade als Brutstätte für Aufrührer und Rebellen. Sein vielversprechender Sohn Fidel, so hoffte Ángel Castro, würde dort bestens für den gesellschaftlichen Aufstieg vorbereitet werden.

Der Studentenführer

Während Fidels Schulzeit änderte sich die politische Lage in Kuba. Zum Zeitpunkt seiner Geburt hatte im Regierungspalast von Havanna Präsident Gerardo Machado gesessen, ein Lobbyist der US-Firmen ITT und General Electric, die in dessen »Wahl« gut eine Million Dollar investiert hatten. Der von Washington abhängige Machado errichtete eine auf das Militär gestützte Diktatur und ließ bis zum Ende seiner Amtszeit im Jahr 1933 rund 20.000 Menschen ermorden. Trotzdem hat er den Widerstand gegen Ausbeutung, Armut und Korruption nicht brechen können. In den dreißiger Jahre bildete sich in den Städten aus dem Zusammenschluss von Aktivisten der Studentenbewegung, unteren Armeeangehörigen und fortschrittlichen Intellektuellen eine »urbane Revolutionsbewegung«, die auch in den Zuckeranbaugebieten auf dem Land eine breite Basis hatte. Landarbeiter besetzten Plantagen und riefen »Sowjets« (Räte) aus. Die »Zeit der Volksfronten« (Ramonet, S. 63) war geprägt von Streiks, Studentenprotesten und Aktionen landloser Bauern. Auch die Gewerkschaftsbewegung erstarkte. 1939 schlossen sich eine Reihe von Gewerkschaften zur »Konföderation der Arbeiter Kubas« (Confederación de Trabajadores de Cuba, CTC[1]) zusammen. Ihr Generalsekretär wurde Lázaro Peña González, ein führendes Mitglied der Kommunistischen Partei[2]. 1940 wurde aus dieser politischen Stimmung heraus

1 Die marxistisch orientierte CTC-Vorgängerorganisation CNOC (Confederación Nacional Obrera de Cuba) hatte früher bereits eine wichtige Rolle gespielt. 1933 organisierte die CNOC den Generalstreik, der zum Sturz des Diktators Gerardo Machado führte.

2 Die Kommunistische Partei Kubas (Partido Comunista de Cuba, PCC)

mit Fulgencio Batista[3] erstmals ein Mann aus einfachen Verhältnissen und aus dem ärmeren Osten des Landes zum Präsidenten gewählt. In seiner ersten Amtszeit (1940-1944) stützte Batista sich auf eine Parteienallianz, der auch Kommunisten angehörten. Die Regierung führte soziale Verbesserungen wie den Acht-Stunden-Tag ein und das Parlament verabschiedete 1940 eine Verfassung, die als die fortschrittlichste Lateinamerikas galt.

Als Fidel Castro 1945 das Colegio Belén verließ und sich im Oktober an der Juristischen Fakultät der Universität von Havanna einschrieb, wehte jedoch ein anderer Wind. Kubas Wirtschaft war nach dem Zweiten Weltkrieg in eine Periode der Stagnation eingetreten. Infolge von Produktionseinschränkungen nahm die Arbeitslosigkeit katastrophale Ausmaße an. Rund 500.000 Menschen, ein Viertel der bis dahin erwerbstätigen Bevölkerung, waren ohne Beschäftigung. Die prekäre Lage der Menschen änderte sich auch dann nicht, als sich die Wirtschaft nach einigen Jahren durch den Anstieg der Exportpreise für Zucker relativ stabilisierte. In den ländlichen Gebieten und bei den städtischen Lohnarbeitern kam vom Aufschwung nichts an. Rund 65 Prozent der Landarbeiter (etwa 600.000 Menschen) fanden nur für wenige Monate im Jahr Arbeit. Mehr als 86 Prozent der meist in Elendsquartieren hausenden Bevölkerung waren ohne medizinische Versorgung und für 64 Prozent der Kinder gab es keine Schulen. Bis zum Zeitpunkt des Sieges der Revolution konnte die Hälfte der Bevölkerung weder lesen noch schreiben (Grinewitsch, S. 69).

Mit Zunahme der sozialen Spannungen wurde das politische Klima rauer. Die Hoffnung der Welt auf Frieden und

---

wurde erstmals im Jahr 1925 gegründet, benannte sich 1944 aber in Sozialistische Volkspartei (Partido Socialista Popular, PSP) um.

3 Bei Fulgencio Batista ist zwischen dessen erster, aus einer Wahl hervorgegangener Amtszeit als Präsident (1940-1944) und der mit einem Putsch 1952 eingeleiteten zweiten Amtszeit, in der er eine blutige Diktatur errichtete, zu unterscheiden.

Demokratie nach dem Sieg der Anti-Hitler-Koalition über Nazi-Deutschland war der Realität des Kalten Krieges gewichen. »In den vierziger Jahren war der Antikommunismus mit aller Macht emporgestiegen. Über die Massenmedien erfolgte eine Manipulation und Kontrolle des Denkens. Vom revolutionären Geist der dreißiger Jahre … blieb nur wenig übrig«, charakterisierte Fidel Castro diese Zeit (Der strategische Sieg, S. 19). Harry S. Truman, der Nachfolger des im April 1945 verstorbenen liberalen US-Präsidenten Franklin D. Roosevelt, erließ 1947 die nach ihm benannte Doktrin, die eine Eindämmung des Kommunismus forderte. US-Senator Joseph McCarthy blies zur Hexenjagd auf alle Linken und deren tatsächliche oder vermeintliche Sympathisanten. Hunderttausende Gewerkschafter, Journalisten, Intellektuelle und Künstler wurden wegen »unamerikanischer Umtriebe« verfolgt, verhaftet und oft in ihrer materiellen Existenz vernichtet. Unter Trumans Knute veränderte sich auch Kuba. Die auf Batistas erste Amtszeit in den Jahren 1944 und 1948 nachfolgenden Präsidenten Ramón Grau San Martín und Carlos Prío Socarrás zerschlugen die Gewerkschaftsbewegung und ersetzten deren Führer durch von ihnen bezahlte Gangster. Das Mafia-Paradies Kuba wurde zum Eldorado für käufliche Politiker. Unter Grau San Martín und seinem Nachfolger Prío Socarrás erreichte die Korruption der Macht bisher nicht gekannte Ausmaße. Grau, der nach dem Sturz des Diktator Machado zunächst eine positive Rolle gespielt hatte, bereicherte sich in den vier Jahren seiner zweiten Amtszeit zu Lasten der Staatskasse um 174 Millionen Dollar. Prío bemächtigte sich bereits kurz nach Antritt seiner Präsidentschaft großer Besitztümer in den Provinzen Pinar del Río und Havanna (Merle, S. 53).

In den Jesuitenkollegs Dolores und Belén waren die meisten Padres Anhänger des spanischen Diktators Francisco Franco. In Belén wurden die Schüler mit dessen Ergüssen sowie mit Texten Benito Mussolinis und anderer Faschisten gequält. Doch auch das Heldenepos über den spanischen Ritter und Nationalhelden El Cid, dem der Beiname »El Campeador« (der Kämpfer) verliehen worden war, gehörte zur Pflichtlektüre ebenso wie der Roman »Don Quijote« des spanischen Nationaldichters Miguel de Cervantes. Außerdem lernte Fidel auch einzelne Aufsätze von George Washington und Abraham Lincoln kennen. Die Lehrer waren rechts, franquistisch und reaktionär – aus historischen Gründen aber auch gegen den US-amerikanischen Wirtschaftsimperialismus und den zunehmenden Einfluss der angelsächsischen Kultur in Lateinamerika eingestellt. Das Interesse des jungen Castro an Politik und Geschichte, vor allem der des eigenen Kontinents, wurde geweckt. Er begeisterte sich für die Ideale der französischen Revolution, den Kampf für die Abschaffung der Sklaverei und den Aufstand der schwarzen Bevölkerung für die Unabhängigkeit Haitis. Fidel äußerste sich später kritisch über die Ausbildung und bemängelte, dass »die Eliteschulen in Kuba damals Jahrgänge von Abiturienten ohne geringste politische Kenntnisse ins Leben entließen«. Vom gesellschaftlichen System, »das zum Wahnsinn des Krieges führte, lehrte man uns nicht ein Wort«, kritisierte er (Der strategische Sieg, S. 15f.). Seinem Interviewer Ignacio Ramonet gestand er: »Als ich zur Uni kam, war ich ein politischer Analphabet« (Ramonet, S. 103).

Erst auf der Universität beschäftigte Castro sich mit der Bewegung der »Mambises«, wie die überwiegend dunkelhäutigen, mit Macheten bewaffneten kubanischen Unabhängigkeitskämpfer am Ende des 19. Jahrhunderts genannt wurden. Fidel bewunderte Carlos Manuel de Céspedes, den Anführer des ersten, zehnjährigen Befreiungskrieges gegen die Spanier. Seine Helden waren die bedeutendsten Generäle der damaligen Rebellenarmee: Máximo Gómez, Calixto García und Antonio Maceo, der wegen seiner Unbeugsamkeit als »Titan aus Bronze« (Titán de Bronce) bezeichnete Mulattengeneral. Zur bevorzugten Lektüre wurden die Schriften der lateinamerikanischen

Freiheitshelden Simon Bolívar und José Martí. Fidel hätte damals nicht einmal im Traum daran gedacht, dass die Umsetzung ihrer Vision eines geeinten, unabhängigen, sozialen und freien Lateinamerikas zu seiner Lebensaufgabe und er später in einem Atemzug mit seinen Idolen genannt werden würde.

Der am 28. Januar 1853 in Havanna geborene Schriftsteller, Journalist und Poet José Martí hatte bis zu seinem Tod »mit Feder und Machete« für seinen Traum gekämpft. Er fiel am 19. Mai 1895 im zweiten Unabhängigkeitskrieg gegen Spanien im Gefecht von Dos Ríos. Kubas Nationalheld trat nicht nur für die Befreiung von der spanischen Kolonialmacht ein, sondern warnte in seinem bekanntesten Essay »Unser Amerika« bereits vor der Expansion des nördlichen Nachbarn USA über den gesamten Kontinent. Martí war überzeugt davon, dass dem Befreiungskampf eine tief greifende soziale Revolution folgen müsse, deren Aufgabe es sei, das Recht aller Bürger auf Bildung, Gesundheitsversorgung und Teilhabe am sozialen Leben durchzusetzen. Der »Apostel des freien Amerika«, wie er auf dem Kontinent genannt wird, forderte eine Agrarreform, das Ende der Rassendiskriminierung und soziale Gerechtigkeit für alle Schichten des Volkes. Den jungen Fidel beeindruckte an seinen Vorbildern die Einheit von Wort und Tat. An der Universität von Havanna, »zu der ich nur mit einem rebellischen Geist und einigen elementaren Ideen über Gerechtigkeit gekommen war«, sei er zum Revolutionär geworden, sagte Castro später. Obwohl er sich selbst in dieser Zeit eher als eine Art »utopischen Sozialisten« beschreibt, habe er sich dort die Werte angeeignet, für die er sein Leben lang gekämpft habe (Ramonet, S. 104).

Zunächst allerdings führte der junge Student sich eher wie ein rebellierender Abenteurer als wie ein politisch bewusst und überlegt handelnder Revolutionär auf. Im Sommer 1947 erfuhr Fidel von einem internationalen Kommando, dessen Ziel der Sturz des von Washington unterstützten Diktators der Dominikanischen Republik, Rafael Trujillo, war. Der dominikanische Schriftsteller und spätere Präsident Juan Bosch hatte aus Exilanten und Mitgliedern linker Organisationen der gesamten Karibik eine bunte Truppe zusammengestellt. Castro war sofort Feuer und Flamme. Er beschloss, sich der – wie er sagte – »edlen und gerechten Sache« anzuschließen. Als Kubaner glaubte er zudem, eine Ehrenschuld begleichen zu können. Denn der dominikanische General Máximo Gómez hatte in den beiden Unabhängigkeitskriegen auf kubanischer Seite gegen die Spanier gekämpft. »Ich will diese Schuld abtragen«, teilte Castro den entsetzten Eltern mit. Nach einem zweimonatigen Guerillatraining sammelten sich rund 1.200 Expeditionsteilnehmer im Osten Kubas. Doch noch bevor sie per Schiff die Dominikanische Republik erreichten, scheiterte die Aktion an einem Verrat. Auf Druck der USA setzte der kubanische Präsident Grau San Martín die Marine in Marsch. Eine Fregatte stoppte das Kommando, nahm die Truppe fest und schickte sich an, sie zurückzubringen. Als die kubanische Küste in Sicht war, sprang Castro – um nicht an die Behörden übergeben zu werden – in voller Montur über Bord, schwamm mit Stiefeln und Maschinenpistole zehn Seemeilen bis zum Festland und schlug sich dann die rund 30 Kilometer bis zum Haus der Eltern durch. Sein Vater, der die Aktion von Anfang an missbilligt hatte, drängte ihn, an die Universität zurückzukehren.

Zwei Tage später war Fidel wieder in Havanna. Dort betätigte er sich als Agitator, marschierte an der Spitze von Studentendemonstrationen und warf Grau vor, die Sache der dominikanischen Demokraten verraten zu haben. Ende 1947 hielt Castro an der Universität seine erste Rede mit erkennbar linker Tendenz: Während er der Grau-Regierung bislang vor allem Verrat, Machtmissbrauch und Korruption vorgeworfen hatte, sprach er jetzt über deren soziales und wirtschaftliches Versagen. Die Bauern seien genauso arm und ohne Land, wie sie es immer gewesen seien, während ein immer größerer Teil der Ressourcen in fremden Händen liege. Öffentliche Gesundheit und Bildung seien vernachlässigt, die Streitkräfte aufs großzügigste verwöhnt worden. Wahre Unabhängigkeit könne nicht ohne eine wirtschaftliche und politische Befreiung erreicht werden, erklärte er (Coltman, S. 60).

Den fortschrittlichen Studenten ging es sowohl um Kuba als auch um Lateinamerika. Sie begehrten gegen die US-Vorherrschaft auf und solidarisierten sich mit Bewegungen in Argentinien, Venezuela, Kolumbien und Panama, die ein Ende der kolonialistischen Politik auf dem Kontinent forderten. Zu ihren Zielen gehörten neben der Beseitigung der Diktatur Trujillos auch die Unabhängigkeit Puerto Ricos und der Falklandinseln sowie die Rückgabe des Panamakanals. Ein Jahr nach der gescheiterten Kommandoaktion zum Sturz des dominikanischen Diktators wurde Fidel 1948 am Rande eines lateinamerikanischen Studentenkongresses in der kolumbianischen Hauptstadt Bogotá Zeuge und Teilnehmer einer Volkserhebung, die als »Bogotazo« bekannt wurde. Nach dem Mord an einem Oppositionspolitiker kam es zu gewalttätigen Auseinandersetzungen mit der Polizei, bei denen – vor allem auf Seiten der Demonstranten – über 3.000 Menschen getötet wurden. Für die Unruhen machten die kolumbianischen Sicherheitsbehörden jedoch »Kommunisten aus Kuba« verantwortlich (ebd., S. 42). US-Diplomaten und Medien nutzen dies zur Stimmungsmache gegen fortschrittliche Kräfte. »Die antikommunistischen Vorurteile, die von den privilegierten herrschenden Kreisen der kubanischen Gesellschaft geschürt wurden, breiteten sich zunehmend aus«, schrieb Castro (Der strategische Sieg, S. 19).

Im März 1947 hatte Fidel als einziger prominenter Studentenführer an der Formierung der neuen »Kubanischen Volkspartei« (PPC), teilgenommen. Ihr Gründer war der Politiker und Publizist Eduardo Chibás, ein aufrechter Moralist und wie Castro Absolvent der Jesuitenkollegs Dolores und Belén. Chibás warf dem zu Beginn seiner ersten Amtszeit im Jahr 1933 noch als Saubermann geltenden Grau San Martín und dessen

1948 ins Amt gekommenem Nachfolger Prío Socarrás Bestechlichkeit und Amtsmissbrauch vor. Ihnen und ihrer Partei, den »Auténticos«, legten Chibás und seine Anhänger Verrat an den Prinzipien José Martís zur Last. In Abgrenzung dazu wurde die neue Partei PPC als »Ortodoxos« bezeichnet. Zu diesem Zeitpunkt noch überzeugt davon, dass die ihm vorschwebenden politischen Ziele über Wahlen zu erreichen wären, war Fidel den »Ortodoxos« beigetreten. Gemeinsam mit anderen Studenten bildete er allerdings einen radikalen Flügel und baute eine linke Jugendorganisation auf, die sich »Acción Radical Ortodoxa« (ARO) nannte. Die ARO wurde später seine »Hausmacht« in der Partei.

Mitte Oktober 1948, zwei Tage nach der Vereidigung von Prío Socarrás, heiratete Fidel die aus einer konservativen bürgerlichen Familie stammende Philosophiestudentin Mirta Díaz-Balart. Seine Eltern waren glücklich und hofften, dass ihr Sprössling das »Revoluzzergehabe« aufgeben werde. Der Schwiegervater, ein wohlhabender Anwalt, enger Freund Fulgencio Batistas und Bürgermeister der ostkubanischen Stadt Banes, spendierte eine Hochzeitsreise nach Miami und New York. Dort kaufte der frisch gebackene Ehemann in einer Buchhandlung die englische Ausgabe von Karl Marx' *Das Kapital*. Nach der Rückkehr bezog das Paar eine bescheidene Wohnung in Havanna. Am 1. September 1949 brachte Mirta den gemeinsamen Sohn Fidelito zur Welt.[4] Der junge Vater konzentrierte sich auf das Studium und erwarb im September 1950 den Grad eines Doktors der Rechtswissenschaft. Mit zwei ehemaligen

4 Nach dem gescheiterten Angriff auf die Moncada-Kaserne verließ Mirta ihren Ehemann. Nach der Scheidung im Jahr 1955 heiratete sie den Rechtsanwalt und Notar Emilio Núñez Blanco, einen Sohn von Batistas früherem Botschafter bei den Vereinten Nationen. Mirta ließ sich später in Madrid nieder. Ein Teil der Familie Díaz-Balart wurde zu militanten Gegnern der Kubanischen Revolution. Fidel Castros ältester Sohn Fidel Ángel Castro Díaz-Balart (Fidelito) beging am 1. Februar 2018 nach längerer Krankheit im Alter von 68 Jahren Selbstmord.

Kommilitonen eröffnete Fidel in der Altstadt von Havanna eine Anwaltskanzlei, die überwiegend arme Mandanten vertrat. Obwohl Castro nach eigenen Aussagen zu dieser Zeit bereits mit marxistischen Ideen sympathisierte, engagierte er sich weiter bei den Ortodoxos. In Cayo Hueso, einem der ärmsten Viertel von Havanna, ließ er sich als Kandidat für die Wahl zum Kongress aufstellen. Damit hatte er eine erste Hürde zu einer klassischen Politikerkarriere genommen, an deren Ende – bei seinem Talent und Biss – die Präsidentschaft durchaus im Bereich des Möglichen hätte liegen können.

Eduardo Chibás, der vor allem bei der Jugend viele Anhänger hatte, prangerte jeden Sonntag in einer Radiosendung unter dem Motto »Vergüenza contra dinero« (Ehre contra Geld) die Gier der Herrschenden an. Er erhob schwere Korruptionsvorwürfe gegen den Bildungsminister Aureliano Sánchez Arango und kündigte an, diese in seiner Radiosendung am 5. August 1951 zu beweisen. Am Tag der Sendung beschwor Chibás die Kubaner, den »notorischen Pesetendieben« beim Griff in die Staatskasse in den Arm zu fallen. Da er die gegen den Erziehungsminister erhobenen Korruptionsvorwürfe aber nicht belegen konnte, zog Chibás am Ende der Sendung eine Pistole aus der Jacke und verletzte sich bei dem Versuch, sich zu erschießen, so schwer, dass er elf Tage später starb. Die Meldung von seinem Tod verbreitete sich wie ein Lauffeuer. Chibás' Selbstmord schürte den Zorn der Bevölkerung auf die von ihm kritisierten Zustände. Bei den für den 1. Juni angesetzten Präsidentschafts- und Kongresswahlen zeichnete sich ein Sieg der oppositionellen Ortodoxos mit ihrem Spitzenkandidaten Roberto Agramonte ab. Auch Fidel Castros Chancen für ein Abgeordnetenmandat standen gut.

Ein Berufsrevolutionär

Am 9. März 1952 wurde in den Straßen Havannas Karneval gefeiert. Als die Kubaner am nächsten Morgen erwachten, hatte Ex-Sergeant Fulgencio Batista mit einer Gruppe von Armeeoffizieren den Präsidenten Prío Socarrás aus seinem Palast verjagt und – 80 Tage vor den Wahlen – die Macht an sich gerissen. Der Putsch war voraussehbar. »Ich hatte den Verdacht, dass Batista einen Staatsstreich plante. Zumindest gab es Anzeichen dafür«, erinnerte sich Castro später (Ramonet, S. 117). Er hatte die Lage richtig eingeschätzt. Da ein Wahlsieg der Ortodoxos immer wahrscheinlicher geworden war, hatte die einheimische Herrschaftsclique befürchtet, um ihre einträglichen Staatsposten gebracht zu werden. Auch Washington war besorgt. Die USA führten in Korea Krieg gegen »die Kommunisten« und man war wegen der Unterstützung Agramontes durch die Sozialistische Volkspartei zutiefst beunruhigt.

Washington setzte auf den 1948 als Senator in die kubanische Politik zurückgekehrten früheren Präsidenten Fulgencio Batista. Der war bis dahin noch kein Repräsentant der aristokratischen Oligarchie oder des US-Kapitals, sondern eher ein mit allen Wassern gewaschener Hasardeur und inzwischen zum Lobbyisten US-amerikanischer Mafiosi geworden, die sich in Havanna der US-Justiz entzogen. Dadurch erpressbar, war der käufliche Batista eine ideale Alternative zu dem abgewirtschafteten Prío und der drohenden Gefahr einer Machtübernahme durch die linksliberalen Ortodoxos, unter denen vor allem die Jüngeren um Fidel Castro unberechenbar schienen. Batistas erster Gang nach dem Staatsstreich führte ihn zum Botschafter der USA und als erste Maßnahme setzte er die Verfassung von 1940 außer Kraft. US-Präsident Harry S. Truman erkannte das Regime siebzehn Tage nach dem Militärputsch an und sicherte wirtschaftliche sowie militärische Unterstützung zu. Zuvor hatte Trumans Botschafter in Havanna den Putschisten deutlich gemacht, dass Washington nur einen Antikommunisten und Förderer des US-Privatkapitals an der Spitze Kubas akzeptieren werde. Batista gab sich Mühe, die Erwartungen zu erfüllen. Die Mai-Demonstrationen der Gewerkschaften wurden verboten. Noch im selben Monat überfiel die Polizei die Redaktionsräume von *Hoy*, der Zeitung der Sozialistischen Volkspartei.

Der Staatsstreich vom 10. März hatte die oppositionellen Kräfte, die sich auf den Kandidaten Agramonte geeinigt hatten, um jede Möglichkeit der politischen Mitbestimmung betrogen. Batista errichtete unter den Augen der Weltöffentlichkeit und mit Unterstützung Washingtons ein repressiv-reaktionäres Terrorregime, das alle vorangegangenen in den Schatten stellte. Er beauftragte den berüchtigten Geheimdienst »Servicio de Inteligencia Militar« (SIM), der für ihn zugleich Polizei, Gerichtsbarkeit und Scharfrichter war, jede Opposition gegen sein Regime oder die USA im Keim zu ersticken. Die neuen Machthaber versuchten nicht einmal, den Anschein eines demokratischen Systems aufrechtzuerhalten. Im Laufe des Jahres 1953 ließ Batista die Sozialistische Volkspartei verbieten. Bis zu seinem Sturz wurden rund 20.000 Oppositionelle ermordet, weitere Zigtausende von SIM-Folterspezialisten misshandelt und gequält. Die USA und andere westliche Länder störte das nicht. Im Mai 1957 wurde Fulgencio Batista mit der »Sonderstufe des Großkreuzes des Verdienstordens der Bundesrepublik Deutschland«, dem höchsten Orden, den die BRD vergibt, ausgezeichnet.

Fidel Castro wurde durch den vom Westen unterstützten Militärputsch in Überlegungen bestärkt, die ihn schon seit längerer Zeit beschäftigt hatten. Nach dem Tod von Chibás, so berichtete Zeitzeuge Antonio Nuñez Jiménez, hatten sich in der Leitung der Ortodoxos-Partei wieder Leute breitgemacht, die auf eine einträgliche Karriere hofften (Unterwegs mit Fidel, S. 6). Castro war das nicht entgangen. »Ich überlegte mir, was nach den Wahlen am 1. Juni passieren würde«, schilderte er seine Zweifel. »Nichts würde passieren. Frustration und Enttäuschung würden sich wiederholen, und wir konnten nicht wieder zurück auf jene ausgetretenen Pfade, die nur ins Nichts führten« (Ramonet, S. 116). Castros Einschätzung war plausibel. Hätte Batista nicht geputscht, wäre Agramonte mit großer Wahrscheinlichkeit Präsident, Fidel Castro ein engagierter Kongressabgeordneter und eines Tages vielleicht sogar dessen Nachfolger geworden. Am politischen System, an den ungerechten Eigentumsverhältnissen in Kuba und dessen faktischer Abhängigkeit von den USA hätte das jedoch nichts geändert. Das hatten die kurzen, progressiven Phasen in der Geschichte des Landes gezeigt, die vorübergehend zwar einige Reformen hervorgebracht, die tatsächlichen Machtverhältnisse aber nicht verändert hatten. Der Putsch hatte Castros ohnehin nur noch schwache Hoffnung sterben lassen, dass Martís Traum von einem unabhängigen, freien Kuba über Wahlen verwirklicht werden könnte.

Fidels Zweifel bezogen sich zu diesem Zeitpunkt nicht mehr nur auf die eigene Partei und die Rolle, die er als deren Abgeordneter im Parlament hätte spielen können, sondern längst auch auf das ihm in der Schule vermittelte bürgerliche Demokratieverständnis. In den berühmten »Nachtgesprächen« vertraute Castro dem Dominikaner und Befreiungstheologen Frei Betto an, was ihn seit der Schulzeit bewegt hatte. »Ich erinnere mich, dass wir von der Demokratie Athens sprachen, dessen Volk sich auf dem Marktplatz versammelte, um die politischen Probleme zu diskutieren. Wir bewunderten das: Wie wunderbar, was für eine beispielhafte und direkte Demokratie hat es in Griechenland gegeben!« Später aber sei ihm dann bewusst geworden, »dass sich auf dem Marktplatz nur eine unbedeutende Minderheit von Bürgern versammelte« (Betto, S. 243 f.). Fidel stellte dieser Sichtweise seine eigene Definition gegenüber. »Wenn wir vom Volk sprechen«, schrieb er, »verstehen wir darunter nicht die wohlhabenden, konservativen Kreise der Nation, denen jedes Unterdrückungsregime, jede Diktatur, jede Gewaltherrschaft recht ist ... Unter Volk verstehen wir ... die große rechtlose Masse, der alle Versprechungen machen und die doch alle betrügen und verraten« (Fanal Kuba, S. 18).

Derartige Gedanken gingen nicht nur Fidel Castro durch den Kopf. Er erinnere sich noch gut, dass anlässlich des Staatsstreiches vom 10. März 1952 eine Menge Leute Schriften von Lenin gelesen hätten, sagte er in einem Interview (Ramonet, S. 102). Zu einem der in den oppositionellen Zirkeln meistgelesenen Bücher gehörte damals der Klassiker »Staat und Revolution«, in dem Lenin Kritik am Parlamentarismus übt, was den meist jungen kubanischen Lesern unter dem Eindruck des Staatsstreichs einleuchtete: »Einmal alle paar Jahre zu entscheiden, welches Mitglied der herrschenden Klasse das Volk im Parlament niederhalten und zertreten soll – das ist das wirkliche Wesen des bürgerlichen Parlamentarismus, nicht nur in den parlamentarisch-konstitutionellen Monarchien, sondern auch in den allerdemokratischsten Republiken« (LW 25, S. 435). Ihm sei klar geworden, so Fidel, dass eine wirkliche Veränderung nur durch eine Revolution zu erreichen sei. »Zur Zeit des Staatsstreiches Batistas hatte ich bereits eine Strategie für die Zukunft ausgearbeitet: ein revolutionäres Programm in Umlauf zu bringen und einen Volksaufstand zu organisieren« (Ramonet, S. 116).

Fidel Castro hatte sich entschieden, wie er es 2015 in einem Brief an die Studentenvereinigung FEU (Federación Estudiantil Universitaria) etwas blumig formulierte, »auf die bürgerlichen Wunschträume zu verzichten, deren Tentakel es schafften, viele … zu umschlingen«. Die Konsequenzen für seinen weiteren Lebensweg waren ihm zu diesem Zeitpunkt offenbar bewusst, denn er begründete die Entscheidung für den revolutionären Weg mit einem Zitat des Nationalhelden José Martí: »Der wahrhafte Mensch schaut nicht, auf welcher Seite man besser leben kann, sondern welcher Seite man verpflichtet ist.« Was Castro spätestens seit diesem Zeitpunkt zudem antrieb, war eine Entschlossenheit, von der er geradezu besessen war, »alle Verhältnisse umzuwerfen, in denen der Mensch ein erniedrigtes, ein geknechtetes, ein verlassenes, ein verächtliches Wesen ist« (Marx, MEW 1, S. 385). In einem Brief aus der Haft auf der Isla de Pinos schrieb er später, dass ein Mensch, »der im Einklang mit seinen Ideen leben möchte, viele unsichtbare Bande zerreißen muss« (Merle, S. 370). Gelegentlich spielte er den bewussten Verzicht auf Karriere, Ansehen, Ruhm und Wohlstand in der bürgerlichen Welt auch etwas herunter. So schrieb er an die FEU-Studenten leicht ironisch, er sei »auf wundersame Weise dem Reichtum entkommen«. In seiner letzten Rede sprach Fidel Castro – es war am 19. April 2016 auf der Abschlusssitzung des VII. Parteitags der Kommunistischen Partei Kubas – dann wieder von dem »Privileg, Revolutionär zu sein, was das Ergebnis unseres eigenen Bewusstseins ist«. Diese Haltung und der von José Martí formulierte Anspruch, sich für die eine oder die andere Seite zu entscheiden, durchzieht Castros Leben seit seiner Jugend wie ein roter Faden.

Bevor er den bewaffneten Widerstand aufnahm, startete Fidel noch einen letzten Versuch, das diktatorische Regime mit friedlichen Mitteln zu Fall zu bringen. Er klagte Batista vor dem Obersten Gerichtshof an, verlangte seine sofortige Verhaftung und Verurteilung wegen Verfassungsbruchs. Der junge Anwalt rechnete vor, dass die im Strafgesetzbuch vorgeschriebenen Strafen sich im Fall der Handlungen Batistas auf über 100 Jahre Gefängnis addieren würden. Die Klage wurde erwartungsgemäß abgewiesen. Castro erklärte daraufhin, dass »nach Ausschöpfung aller legalen Mittel« nun das in der Verfassung von 1940 verankerte Widerstandsrecht in Kraft getreten sei. Er rief öffentlich zum gewaltsamen Sturz des Diktators auf und begann damit, eine neue Organisation mit entschlossenen, radikalen Mitgliedern aufzubauen, die er vage »die Bewegung« (El Movimiento) nannte. Das Movimiento bestand aus einem zivilen Teil für die politische Agitation mit Zeitungen, Flugblättern und Versammlungen sowie aus einem militärischen Teil, dessen Aufgabe es war, eine bewaffnete Rebellentruppe aufzustellen. Als ersten Schritt für eine landesweite Erhebung entwickelte Castro einen Plan, den bis zum letzten Moment außer ihm nur fünf Mitgliedern kannten.

Das Signal für den Aufstand gegen Batista sollte die Erstürmung der Moncada-Kaserne in Santiago de Cuba und des kleinen Militärpostens Céspedes bei Bayamo, einer etwa 90 Kilometer von Santiago entfernt gelegenen Stadt, sein. Fidel arbeitete Tag und Nacht, um die Aktion vorzubereiten. Den Anwaltsberuf und die bürgerliche Politikerkarriere hängte er dafür an den Nagel. »Ich war der erste Berufsrevolutionär der Bewegung«, erzählte er nicht ohne Stolz (Ramonet, S. 123). Von diesem Zeitpunkt an gab es für ihn kein Zurück mehr. Der junge Doktor der Rechtswissenschaft hatte die elegante Kleidung eines Anwalts endgültig gegen die olivgrüne Felduniform getauscht. Zu seinem einzigen Schmuck wurde der fünfzackige Stern, das Symbol der Guerilleros. Der von Castro am 26. Juli 1953 angeführte Rebellenangriff auf die Moncada-Kaserne wurde aufgrund seiner mangelhaften Vorbereitung, der unzulänglichen Bewaffnung und Fehlern bei der Koordinierung der Akteure allerdings zu einem militärischen Desaster. Doch obwohl die Erstürmung der Kasernen scheiterte, gilt sie als Startsignal für diese Etappe der Kubanischen Revolution[5]. Die meisten Teilnehmer des Angriffs wurden verhaftet, viele bestialisch gefoltert und ermordet, die Überlebenden vor ein Militärtribunal gestellt. Das Gericht verurteilte Fidel Castro als Anführer der Revolte zu 15 Jahren Haft. Auch alle anderen sollten für viele Jahre hinter Gitter. Fidel, sein jüngerer Bruder Raúl und die weiteren noch lebenden »Moncadisten« wurden in ein Gefängnis auf der rund 90 Kilometer südlich von Havanna im karibischen Meer gelegenen Isla de Pinos[6] gebracht.

Zum Tagesablauf der Gefangenen gehörten auch die politische Fortbildung und ideologische Schulung, die sie unter der Hand organisiert hatten. Dafür hatten sie in ihrem Trakt eine

---

5 Nach dem Sieg der Revolution Sieg wurde der 26. Juli in Kuba zum Feiertag und zum »Tag der Nationalen Rebellion« erklärt.

6 1978 umbenannt in Isla de la Juventud (Insel der Jugend).

eigene Schule, die »Ideologische Akademie Abel Santamaría« eingerichtet[7]. Einige der Älteren, darunter auch Fidel Castro, unterrichteten jeden Tag fünf Stunden lang Geschichte, Politik, aber auch Literatur und Englisch. Während Fidel in der Haft Radio und Zeitungen nur eingeschränkt empfangen durfte, wurden Bücher teilweise geduldet. Er widmete sich dem umfangreichen Studium der Werke José Martís, las die Feldtagebücher des Generals Máximo Gómez aus den Unabhängigkeitskriegen und quälte sich durch das umfangreiche Hauptwerk »Vom Kriege« des preußischen Militärwissenschaftlers Carl von Clausewitz. Mit Kants »Kritik der reinen Vernunft« versuchte Fidel zu verstehen, »ob Erkenntnis möglich ist oder nicht«. Im Zentrum seines Interesses stand jedoch die vertiefte Beschäftigung mit Marxens »Kapital«, womit er sich die Basis für eine profunde materialistische Kritik der bürgerlichen Gesellschaft aneignen wollte. Marx, Lenin und Stalin, dessen »Grundlagen des Leninismus« er ebenfalls durcharbeitete, bezeichnete Castro jeweils als »echte Prototypen eines Revolutionärs« (Koenen, S. 118 f.). Während Fidels Ausbildung zum Juristen klassisch an der Universität erfolgte, war er beim Studium der Ökonomie, der Gesellschaftswissenschaft, der Militärstrategie und der Klassiker des Marxismus-Leninismus ein Autodidakt. Waren seine politischen Ansichten und Handlungen, wie vordem die seines Idols José Martí, zunächst vor allem durch ethische Werte und moralische Ansprüche motiviert, so erwarb er im Gefängnis nun Kenntnisse, die zum ideologischen Kompass für seine weitere Entwicklung wurden. Obwohl Fidel noch bis zum Jahr 1961 – zumindest in der Öffentlichkeit – widersprach, Kommunist zu

7 Namensgeber Abel Santamaría hatte als stellvertretender Befehlshaber an der Aktion am 26. Juli 1953 teilgenommen. Er wurde anschließend nach seiner Verhaftung im Militärgefängnis gefoltert, weigerte sich jedoch, gegen seine Gefährten auszusagen, und wurde getötet. Als ranghöchstes unter den Opfern wurde Santamaría zu einer als Märtyrer verehrten Symbolfigur der Kubanischen Revolution.

sein, schrieb er über die Anfangsjahre des Movimiento: »Wenn wir nicht von den Gedanken Martís, Marx' und Lenins inspiriert gewesen wären, hätten wir nicht einmal die Idee einer Revolution in Kuba entwickeln können. … Die Ideen waren der wichtigste Rohstoff für die Revolution« (Ramonet, S. 124). Wenngleich bei Fidel bereits in seiner Zeit als studentischer Aktivist die Entwicklung vom politischen Abenteurer zum strategisch denkenden, disziplinierten Revolutionär begonnen hatte, wurde er erst während des Gefängnisaufenthalts zu einem umfassend gebildeten politischen Führer.

Die Verbindung zu den Genossen außerhalb des Gefängnisses hielt Castro über harmlos wirkende kleine Zettel, auf die er zwischen den Zeilen unsichtbar mit Zitronensaft, der sich bei Erwärmung verfärbt, seine Mitteilungen schrieb. Freunde schmuggelten die Botschaften in Streichholzschachteln aus dem Gefängnis. Auf diesem Weg gelangte auch der Inhalt seiner frei gehaltenen zweistündigen Verteidigungsrede an die Öffentlichkeit. Fidel hatte sie in der Haft ausgearbeitet und nach der Verurteilung aus dem Gedächtnis niedergeschrieben. Die Journalistin Marta Rojas, die den Prozess beobachtet hatte, bestätigte, dass Fidels Text inhaltlich seinem Plädoyer entsprach. Unter dem Titel »Die Geschichte wird mich freisprechen« wurde die Rede zum ersten programmatischen Manifest und zählt bis heute zu den bedeutendsten Dokumenten der Kubanischen Revolution.

Programm für Kuba

Im Moncada-Prozess war es Fidel Castro gelungen, die Rollen umzukehren. Aus seiner Verteidigungsrede machte er am 16. Oktober 1953 eine Anklage gegen das Batista-Regime. Fidel sprach von dem Recht, sich illegitimen Machthabern zu widersetzen, stützte sich dabei auf die Verfassung von 1940, zitierte Montesquieu, Thomas von Aquin, Martin Luther und die Unabhängigkeitserklärung der USA. Nicht der Angriff auf die Kasernen sei unbegreiflich, hielt er den Militär-Richtern entgegen, sondern »dass hier Kinder leben, die medizinisch nicht betreut werden, dass dreißig Prozent unserer Bauern ihren Namen nicht schreiben können und neunundneunzig Prozent von ihnen die Geschichte Kubas nicht kennen. Unvorstellbar ist, dass die Mehrheit der Familien auf dem Land unter schlechteren Bedingungen lebt als die Ureinwohner, die Kolumbus hier einst vorfand« (Die Geschichte wird mich freisprechen, S. 51).

In seiner Rede wiederholte er wesentliche sozialpolitische Zielvorstellungen, die José Martí bereits 1895 für eine revolutionär-demokratische Umwälzung formuliert hatte, die jedoch auch 60 Jahre nach seinem Tod noch auf ihre Verwirklichung warteten. Martís Agrarreformprogramm, sein Projekt einer Bildungsreform und seine Forderung nach vollständiger politischer und ökonomischer Unabhängigkeit bildeten das programmatische Fundament der Rede Fidels. Während Martí bereits die Prinzipien einer egalitären Gesellschaft formuliert hatte, ging der 27-jährige Castro jetzt darüber hinaus. Trotz der bevorstehenden Haft sprach Fidel vom Sieg der Rebellen. Er stellte die Eckpunkte des Programms einer revolutionären Regierung vor und kündigte fünf Gesetze an, die nach der Eroberung der Macht erlassen würden. Als erstes sollte die nationale Souveränität wiederhergestellt und die Verfassung von 1940 verwirklicht werden, bis das Volk eine andere annehmen würde. Das zweite Versprechen betraf eine Agrarreform, die das Land in den Besitz derer überführen sollte, die es bestellen. Ein drittes Gesetz werde Arbeitern und Angestellten einen Teil des Profits der Unternehmen garantieren. Durch eine vierte Maßnahme sollten Kleinbauern am Ertrag der Zuckerrohr-Ernte beteiligt werden. Das fünfte Revolutionsgesetz werde schließlich die Enteignung von Unternehmen und Vermögen, die durch Betrug oder Korruption entstanden waren, zum Ziel haben. Einige dieser Punkte entsprachen Forderungen der mittlerweile von Batista verbotenen Sozialistischen Volkspartei. Ohne sich direkt auf Marx und Engels zu beziehen, hatte Castro die von ihnen bereits im Manifest der Kommunistischen Partei formulierte »Eigentumsfrage« zur »Grundfrage der Bewegung« hervorgehoben (MEW 4, S. 493).

Fidel Castro forderte für sich kein mildes Urteil. In einem Land, »das einen Verbrecher und Dieb zum Präsidenten hat, ist es nur zu verständlich, dass ehrenhafte Menschen tot oder gefangen sind«, sagte er und schloss mit den bekannt gewordenen Sätzen: »Verurteilen Sie mich – es hat keine Bedeutung. Die Geschichte wird mich freisprechen« (ebd., S. 100). Die von seinen Anhängern über die ganze Insel verbreitete Rede machte Fidel zum anerkannten Führer der politischen Opposition. Sie war bewusst als programmatisches Manifest formuliert, um die zerstrittenen Batista-Gegner um sein Movimiento zu scharen und auf einheitliche Ziele einschwören zu können. Zweifel am Erfolg ließ Fidel nicht gelten. Im Sinne José Martís entgegnete er denjenigen, die auf die zahlenmäßige Schwäche der linken Kräfte hinwiesen: »Es sind die Ideen, die die Welt verändern, so wie Werkzeuge den Gegenstand verändern.« Als die »Moncadisten« im Mai 1955 im Rahmen einer Generalamnestie freigelassen wurden, reorganisierte Castro sofort seine Widerstandsgruppe. Unter Bezugnahme auf den Moncada-Angriff formierte sie sich im Juni 1955 als »Bewegung des 26. Juli« (Movimiento 26-7, kurz M-26-7) mit den Symbolfarben Rot-Schwarz.

Neben seiner beeindruckenden Persönlichkeit und dem Talent, andere von seinen Ideen zu überzeugen, gewann Fidel nach seiner Haftentlassung durch eine weitere Charaktereigenschaft schnell das Vertrauen von immer mehr Menschen: Er glaubte an das, was er sagte, und zögerte keine Sekunde, seine Ankündigungen umzusetzen. »Ist ein Projekt durchdiskutiert und angenommen, hält ihn nichts auf. … Worte werden zu Taten«, schrieb Ignacio Ramonet, der Fidel zwischen 2003 und 2006 in zahlreichen Sitzungen insgesamt einhundert Stunden lang interviewte. Castro hatte sich im Dezember 1953 in einem Brief aus dem Gefängnis abschätzig über Menschen geäußert, »die sich daranmachen, das Gegenteil von dem zu predigen, was sie getan haben, und das Gegenteil von dem zu tun, was sie gepredigt haben. Von diesem Augenblick an betrachten sie ihre eigene Jugend als ein Alter der Naivität, der Torheit, der Unerfahrenheit, des Träumens, ohne sich klar zu werden, dass in Wirklichkeit Impotenz, Selbstbetrug, Lüge und Unterwerfung beginnen« (Merle, S. 368). Im Gegensatz zu allen bis dahin in Kuba agierenden Politikern wurde Fidel Castro als einer der wenigen Menschen wahrgenommen, bei denen, wie es der französische Philosoph Jean-Paul Sartre formulierte, »Wort und Tat aus einem Guss« sind.

»In den Wochen nach unserer Freilassung hatten wir eine intensive Kampagne zur Verbreitung unserer Ideen gestartet, mit dem Ziel, das Bewusstsein der Menschen zu schärfen«, erinnerte sich Fidel (Ramonet, S. 188). Die Bewegung M-26-7 propagierte dabei offen die These, dass es unmöglich sei, den Kampf mit legalen und friedlichen Mitteln fortzusetzen. Bereits eine Woche nach der Haftentlassung warf die Polizei Raúl Castro die »Teilnahme an subversiven Aktivitäten« vor. »Du musst raus!«, riet Fidel, dem zugetragen worden war, dass die Verhaftung seines Bruders kurz bevorstand. Raúl bat in der mexikanischen Botschaft um politisches Asyl und brach am 24. Juni 1955 als erster »Moncadist« nach Mexiko-Stadt auf. Doch auch Fidel war vor Batistas Agenten nicht sicher. Zudem schien es ihm unmöglich, den bewaffneten Aufstand von Kuba aus vorzubereiten. Am 7. Juli 1955 folgte er Raúl ins Exil. »Von Reisen wie dieser kehrt man entweder gar nicht zurück oder mit der enthaupteten Tyrannei zu seinen Füßen«, schrieb er in seinem Abschiedsbrief an die Führer der oppositionellen Gruppen in Kuba.

In Mexiko begann Fidel mit dem Aufbau der Guerilla. Er entwickelte ein langfristiges strategisches Konzept, in dem er die Defensive der Revolutionäre – wie bei Clausewitz gelernt – als »Kampfphase zur Formierung von Kadern und Sammlung der

Kräfte« definierte. Neben der Bewaffnung war die militärische Ausbildung dabei das größte Problem. »Fidel widmete sich mit dem ihm eigenen Arbeitseifer der Aufgabe, die Kämpferscharen zu organisieren, die nach Kuba gehen sollen«, erinnert sich Che Guevara, den Fidel in Mexiko als Arzt für die künftige Rebellenarmee rekrutierte (Guevara, Revolutionskrieg, S. 9). Doch bei allem Selbstbewusstsein kannte Castro seine Grenzen. Da er kaum über praktische Erfahrungen in militärischer Taktik verfügte, gewann er den im kubanischen Camagüey geborenen General Alberto Bayo, der im spanischen Bürgerkrieg auf Seiten der Volksfront gegen Franco gekämpft hatte, für den Unterricht in der Strategie und Taktik des Guerillakrieges. »Der Guerillero ist unbesiegbar, wenn er die Unterstützung der Bauern in der Region hat«, impfte Bayo seinen Zuhörern als Grundregel ein (Villa/Neubauer, S. 78) und verwies zugleich auf den vor 2.500 Jahren formulierten Satz des chinesischen Philosophen und Generals Sun Tsu: »Die größte Leistung besteht darin, den Widerstand des Feindes ohne einen Kampf zu brechen.« Fidel Castro achtete darauf, dass die gesellschaftspolitischen Ziele auch in dieser Ausbildungsphase nicht in den Hintergrund rückten. »Wir gehen nach Kuba nicht nur, um politische Veränderungen durchzusetzen, sondern auch soziale Umwälzungen, die jedem Kubaner würdige Arbeit, vollen Genuss der Freiheit und absolute Ausübung der Souveränität garantieren«, erklärte er (Hell, S. 311).

Als die nach einer halsbrecherischen Überfahrt mit der Yacht »Granma« und durch Angriffe der Batista-Soldaten auf eine Handvoll Leute reduzierte Guerillatruppe ihre ersten Aktionen in den Bergen der Sierra Maestra ausführte, erlebten die zunächst skeptischen Bauern und landlosen Arbeiter eine für sie völlig neue Art von Umgang. Anders als die bis dahin in Kuba agierenden Politiker und deren Militärs hielten die Rebellen ihre Zusagen ein. Sobald ein Gebiet unter ihrer Kontrolle war, begannen sie damit, die Bauernkinder zu unterrichten und die Familien der Landbevölkerung so gut es ging medizinisch zu versorgen. Noch während der Kämpfe versuchten die Guerilleros in den von ihnen beherrschten Regionen, die von Fidel Castro in seiner Moncada-Rede angekündigten Veränderungen umzusetzen. Der von Fidel zum Comandante beförderte Raúl Castro kontrollierte mit seiner »Zweiten Front« im Nordosten der Insel ein Gebiet, das mit fünfzehntausend Quadratkilometern etwa so groß war wie das deutsche Bundesland Schleswig-Holstein. Die »República Rebelde«, wie die befreite Zone genannt wurde, wurde zum Prototyp des angestrebten revolutionären Staates. Besitzlose Bauern erhielten Land zugeteilt, erste Schulhäuser, Krankenstationen und Apotheken wurden gebaut. In wenigen Monaten verfügte die Bergregion, in der bisher über die Hälfte der neugeborenen Kinder noch vor ihrem ersten Geburtstag an Magen-Darm-Krankheiten gestorben waren, über Dutzende kleine Krankenhäuser. Auch das Verhalten der Guerilleros beeindruckte die Bevölkerung in den umkämpften Gebieten. Fidel hatte angeordnet, dass die Bauern für erhaltene Lebensmittel bezahlt werden müssen. Jeder Verstoß wurde streng geahndet. Gefangene Batista-Soldaten durften auf Anweisung Fidels nicht misshandelt werden. Verwundete wurden wie die eigenen Leute gepflegt, die oft knappe Nahrung mit ihnen geteilt. Auf der anderen Seite gab Fidel offen zu, dass die Guerilleros einzelne Mörder auch hingerichtet hatten: »In der Sierra Maestra haben wir einen Aufseher erschossen. Er war einer der schlimmsten Leuteschinder, ein Henker, der mehrere Bauern ermordet hatte«, erinnerte er sich (Nuñez Jiménez, Unterwegs …, S. 37).

Batista versuchte seinen Sturz mit brutalem Terror hinauszuzögern. Mitte 1958 startete der Diktator eine militärische Großoffensive gegen die Guerilleros, die »FF« genannt wurde. Die Abkürzung stand für »Fase Final« (Endphase) oder auch »Fin de Fidel« (Das Ende Fidels). Flugzeuge vom Typ B-26 warfen über der Sierra Maestra täglich aus den USA gelieferte Napalmbomben ab. Doch auch der Terror konnte Batista nicht mehr retten. Kurz vor der Silvesterfeier 1958 plünderte er die Staatskasse und floh mitsamt seiner Familie in die Dominikanische Republik, wo Diktator Rafael Trujillo ihn mit offenen Armen aufnahm. Am 1. Januar 1959 – fünf Jahre, fünf Monate und fünf Tage nach dem Sturm auf die Moncada-Kaserne – instruierte Fidel Castro über »Radio Rebelde« die Guerilla-Truppen im ganzen Land: »Ihr dürft keine Minute Halt machen!« Am 2. Januar 1959 wurde die schwarz-rote Fahne der »Bewegung des 26. Juli« über der Moncada-Kaserne gehisst. Diese beiden Tage waren der mächtige Schlussakkord des revolutionären Krieges. Nach dem Sieg im Oriente zogen die Hauptkräfte der Rebellenarmee im Triumph von Ost nach West durch das ganze Land. Die vom Comandante en Jefe befehligte Karawane war auch ein Symbol dafür, dass jetzt alle Teile des Landes – und nicht nur das unter Batista privilegierte Havanna – wertgeschätzt werden sollten. Am 8. Januar 1959 marschierten die Guerilleros, angeführt von Fidel Castro, in die Hauptstadt ein, deren Bevölkerung die Befreier mit Jubel begrüßte.

In einer Ansprache dankte Fidel den begeisterten Menschen und unterstrich deren Verantwortung als künftiger Souverän des Landes. Dabei beantwortete er die Frage nach dem Geheimnis des von vielen für unmöglich gehaltenen Sieges aus seiner Perspektive: »Wir hatten keine Panzer, keine Flugzeuge, keine Kanonen, wir hatten keine Militärakademien, keine Ausbildungs- und Trainingslager, wir hatten weder Divisionen noch Regimenter noch Kompanien. Also, wer gewann den Kampf? Das Volk. Das Volk gewann den Kampf« (Nuñez Jiménez, Unterwegs…, S. 263). Zugleich gab er ein Versprechen ab, an das er sich zeitlebens hielt. Es könnte eine Erklärung dafür sein, warum die Kubanische Revolution bis heute allen Angriffen trotzen konnte. »Immer, wenn ich die Revolution in Gefahr sehe, werde ich als erstes das Volk alarmieren«, sagte Fidel. »Bevor auch nur ein Schuss fällt, muss man tausendmal das Volk aufrufen und mit dem Volk sprechen, damit es die Probleme löst. … Denn die öffentliche Meinung ist eine gewaltige Kraft. Vor der öffentlichen Meinung müssen die Gewehre gesenkt werden. Ich habe Vertrauen zum Volk und weiß, was das Volk vermag.« Castro wandte sich zu dem neben ihm stehenden Camilo Cienfuegos: »Ist es recht so, Camilo?« – »Du hast recht, Fidel!«, antwortete Comandante Cienfuegos unter dem Beifall der Zuhörer (Nuñez Jiménez, Unterwegs …, S. 26). Der kurze Dialog ist in die Geschichte eingegangen und ein Beispiel für Castros Talent als Kommunikator.

Als erste Maßnahmen wurden Batistas Geheimdienst SIM aufgelöst, die Militärmission der USA ausgewiesen und die Umsetzung des in der Moncada-Rede angekündigten Programms beschlossen. Begleitet von einer Massendemonstration auf dem nach José Martí benannten Platz der Revolution, verabschiedete die »Nationale Vollversammlung des kubanischen Volkes« am 2. September 1960 die von Fidel in großen Teilen ausgearbeitete »Erste Deklaration von Havanna«. Sie verurteilte die Ausbeutung des Menschen durch den Menschen und umriss bereits die Ziele einer anderen Gesellschaftsordnung. Die Deklaration forderte die Nationalisierung monopolistischen Eigentums und proklamierte das Recht der Bauern auf Landbesitz, das Recht des Arbeiters auf den Ertrag seiner Arbeit, das Recht der Kinder auf Schulbildung und das der Jugendlichen auf Ausbildung, das Recht der schwarzen und indigenen Bevölkerung auf Wahrung ihrer uneingeschränkten Menschenwürde, das Recht der Frauen auf rechtliche, soziale und politische Gleichstellung und gleiche Bezahlung sowie das Recht der Kranken auf unentgeltlichen ärztlichen Beistand und Krankenpflege (Hell, S. 399). Die revolutionäre Regierung, der Fidel Castro seit dem 16. Februar 1960 als Premierminister[8] vorstand, wurden mit der Umsetzung dieser Ziele beauftragt.

8 Von 1976, dem Jahr der Annahme der ersten sozialistischen Verfassung, bis 2008 führte Fidel Castro das Amt unter der Bezeichnung »Präsident des Staats- und Ministerrats« weiter, seit dem krankheitsbedingten Rückzug im Jahr 2006 jedoch nur noch formal.

Die Umwälzung beginnt

Mit Fidel Castro erhielt Kuba zum ersten Mal einen Staats- und Regierungschef, der weder die Interessen ausländischer Konzerne vertrat noch als Marionette Washingtons agierte. Kuba, das bis zum Sieg der Rebellen fast 500 Jahre lang Objekt und Spielball ausländischer Interessen war, wurde mit der Revolution zu einem eigenständig und selbstbewusst auftretenden Faktor in der Weltpolitik. Damit war das erste und wichtigste der von Fidel in seiner Moncada-Rede benannten Ziele, die Herstellung der Unabhängigkeit und Souveränität, erreicht. Im mexikanischen Exil hatte Fidel für die Zeit nach der Machtübernahme ein darüber hinausgehendes »Regierungsprogramm« ausgearbeitet, das folgende Schwerpunkte enthielt: Aufteilung der großen, zum Teil im US-Besitz befindlichen Zucker- und Tabakplantagen, Konfiszierung aller durch eine korrupte Regierung erworbenen Vermögen, Verstaatlichung der mit US-Kapital finanzierten Versorgungsbetriebe sowie die Übergabe von zunächst mindestens dreißig Prozent der Industrieunternehmen an die Arbeiter. Zudem sollten Bildung, Gesundheitsversorgung und Teilhabe an Kultur und Sport für alle Kubaner kostenfrei zugänglich sein. Als vorrangig galten – nach Erlangung der Unabhängigkeit und Souveränität – die Boden-, Bildungs-, Gesundheits- und Wohnungsreformen. Doch die früheren Herren – ob spanische Kolonialisten, US-amerikanische Konzerne oder Mafiapaten und die sich mit ihnen jeweils zum eigenen Vorteil arrangierende einheimische Bourgeoisie – hatten das Land in einem Maße ausgeplündert, dass die Umsetzung der versprochenen Veränderungen zur Herkulesaufgabe wurde.

Die letzte landwirtschaftliche Zählung im Jahr 1946 hatte eine hochgradige Konzentration des Bodens in den Händen weniger Großgrundbesitzer gezeigt. Danach waren 46 Prozent des bearbeiteten Bodens in den Händen von nur 1,5 Prozent der Grundbesitzer (Nuñez Jiménez, Bodenreform, S. 27). Im Osten des Landes gehörten weite Gebiete überwiegend der US-amerikanischen United Fruit Sugar Company, der Guantánamo Sugar Company und anderen ausländischen Großunternehmen. Von den achtzehn Zuckerfabriken dieser Gegend waren neun im Besitz von US-Firmen. Dagegen besaß ein großer Teil der Bevölkerung kein eigenes Land. Während die Vorherrschaft der ausländischen Konzerne den Aktionären in den USA satte Gewinne garantierte, herrschten im Osten Kubas Armut und Elend. Es gab weder Schulen noch irgendeine Gesundheitsversorgung. »Sobald wir Gelegenheit dazu haben, werden wir den Boden kostenlos verteilen«, hatte Raúl Castro den Bauern bereits während der Kämpfe in den Bergen der Sierra Maestra in Übereinstimmung mit seinem Bruder versprochen (Eroberung der Hoffnung, S. 137). Im September stellte Raúl auf dem ersten Kongress »Campesino en Armas« (Bauer unter Waffen) die Überlegungen der Rebellen für eine Agrarreform nach dem Sieg der Revolution vor. Fidel hatte bei der Ausarbeitung auf eine Definition von Friedrich Engels verwiesen, nach der die arme und landlose Bauernschaft jene Klasse sei, »die den industriellen Arbeitern der Städte am nächsten steht, die mit ihnen dieselben Lebensbedingungen teilt, die sogar noch tiefer im Elend steckt als sie«. Weil die Herrschenden um die »verborgene Macht« dieser Klasse wüssten, schrieb Engels, ließen »sie absichtlich die Schulen verkommen, damit sie nur ja unwissend bleibe«. Denn »von dem Tage an, wo die Masse der Landtagelöhner ihre eigenen Interessen verstehen gelernt hat, ist eine reaktionäre, feudale, bürokratische oder bürgerliche Regierung … unmöglich« (MEW 16, S. 400).

Für Castro schien Engels hier exakt die Situation zu beschreiben, in der Kuba sich befand. Bei einer Bevölkerung von etwas mehr als sechs Millionen Menschen lebten dreieinhalb Millionen »in Hütten, Baracken und elenden Löchern, die alles andere als menschenwürdige Wohnungen waren«, sagte Fidel Castro im September 1960 von der Tribüne der 15. Tagung der UNO-Vollversammlung aus. »In den Städten verschlangen die

Mieten bis zu einem Drittel des Einkommens einer Familie. Die Mieten und Stromtarife gehörten zu den höchsten der Welt. 37,5 Prozent unserer Bevölkerung waren Analphabeten, konnten weder lesen noch schreiben. 70 Prozent unserer Kinder auf dem Lande hatten keine Lehrer. … Die Kindersterblichkeit war sehr hoch und die durchschnittliche Lebenserwartung sehr gering« (Fanal Kuba, S. 51). Mit dem Sieg der Rebellen beginne – nach der »zerstörenden Phase der alten Macht« – die »konstruktive Phase der Revolution«, sagte Fidel.

Obwohl er sich zu diesem Zeitpunkt noch nicht explizit auf den Sozialismus berief, kam Castro offenbar zu der Überzeugung, dass wirkliche Verbesserungen und der Aufbau einer seinen Vorstellungen entsprechenden Gesellschaftsordnung unter den bestehenden Wirtschaftsstrukturen und dem bürgerlichen System nicht zu erreichen war. Im Februar 1959 wurde eine neue Verfassung erlassen, die den Transformationsprozess ermöglichen sollte. »Wenn eine Revolution von 1868 mit der Befreiung der Sklaven beginnen musste, hatte eine Revolution von 1959 die Pflicht, die Gesellschaft von jenem Monopol zu befreien, kraft dessen eine Minderheit den Menschen ausbeutete. Und die Ausbeutung des Menschen durch den Menschen zu beseitigen bedeutet, das Recht auf den Besitz jener Güter zu beseitigen, die der ganzen Gesellschaft gehören und gehören müssen«, schrieb Fidel (Grau, S. 39). Am 17. Mai 1959 wurde das erste Gesetz zur Agrarreform verabschiedet, durch das einheimischer und ausländischer Großgrundbesitz aufgelöst und über 100.000 Bauern unentgeltlich Land zugeteilt wurde. Das traf vor allem die Zuckergesellschaften im Besitz der USA. 1960 wurde das Eigentum ausländischer Monopole und später auch der nationalen Bourgeoisie verstaatlicht. Nach und nach waren alle Hauptzweige der Wirtschaft in allgemeines Volkseigentum überführt worden. Kubanische Großgrund- und Fabrikbesitzer machten daraufhin gemeinsam mit US-Unternehmern gegen das »Gespenst des Kommunismus in Kuba« mobil.

Zu den Problemen, die die revolutionäre Regierung nach dem Sieg vorrangig anging, gehörte neben der Agrarreform auch das Wohnungsproblem. In Havanna und einigen anderen Städten hatten Spekulanten die Mieten in den letzten Jahren der Batista-Diktatur immer weiter in die Höhe getrieben. Wer die verlangten Wucherpreise nicht zahlen konnte, wurde vertrieben. Castro hatte deshalb schon in seiner Moncada-Rede eine Wohnungsreform versprochen. Zunächst wurden die Geldeinnahmen aus der nach dem Machtwechsel zunächst noch weiter bestehenden staatlichen Lotterie für den Bau neuer Wohnungen verwendet. Neben dem Wohnungsbauprogramm wurde ein Wohnungsreformgesetz verabschiedet. Dessen Grundidee bestand darin, Mieter zu Eigentümern ihrer Wohnung zu machen. »Ein Mieter zahlt 15, 20 und 25 Jahre Miete für seine Wohnung. Es gibt sogar Familien, die schon 30 Jahre zahlen. Damit haben sie den vielfachen Wert ihrer Wohnung gezahlt und sind trotzdem nicht die Eigentümer«, kritisierte Castro in einer Fernsehsendung (Fanal Kuba, S. 87 f.). Durch das Gesetz sollten staatlich geförderte Wohnungen künftig schrittweise in das Eigentum der Mieter überführt werden, erläuterte er. Heute sind mehr als 90 Prozent der Bürger Eigentümer ihrer vier Wände. Kuba gehört damit weltweit zu den Ländern mit der höchsten Prozentzahl an Wohnungseigentümern. Vielen Eigentümern fehlen mittlerweile allerdings die Mittel, ihren Wohnraum zu erhalten. Westliche Medien zeigen gern verfallene Häuser, die es vor allem in den Stadtteilen Cerro, Habana Vieja und Centro Habana der Hauptstadt gibt. Das Problem existiert zwar unbestreitbar seit Jahren, dennoch ist es nicht repräsentativ für die Wohnsituation der rund 12 Millionen Einwohner. Obdachlose, zumal in wachsender Zahl wie in Europa und den USA, oder die Straßenkinder vieler lateinamerikanischer Metropolen sind in Kuba nach wie vor unbekannt.

Parallel zur Boden- und Wohnungsreform ließ Castro die Reform des Bildungswesens in Angriff nehmen. Sie begann mit der Umwandlung von Festungen und Militärkasernen in Schulen. Ende August 1960 zog Fidel eine vorläufige Bilanz des ersten Planes zum Aufbau von Bildungseinrichtungen. »Fast 10.000 Schulen waren entstanden oder im Entstehen begriffen; mehrere Militärkasernen waren in große Schulen umgewandelt worden; das Schulzentrum ›Camilo Cienfuegos‹[9] war im Bau«, berichtete er. Fidel erschien das nicht genug. Obwohl in nur einem Jahr doppelt so viele Schulen geschaffen worden waren wie in den fünfzig Jahren zuvor, hatte »ein bedeutender Teil unserer Bevölkerung noch immer keine Schulen. ... Es geht darum, dass auch der entfernteste Winkel in den Bergen nicht ohne Lehrer bleibt«, drängte er (Fanal Kuba, S. 37). Mit dem Aufruf zum »Kampf gegen den Analphabetismus« begann eines der ehrgeizigsten Projekte der Revolutionsregierung. Auch dabei vertraute Castro auf die Bevölkerung. »Wir müssen das Volk mobilisieren, wenn wir gegen diesen Volksfeind, gegen das Analphabetentum, den Kampf führen wollen. Und wir werden der Welt eine neue Probe der Kraft der Kubanischen Revolution und der Entschlossenheit unseres Volkes geben«, erklärte er zuversichtlich (Castro, Fanal Kuba, S. 41). Zum Leiter der Alphabetisierungskampagne ernannte er Erziehungsminister Armando Hart Dávalos, ein Gründungsmitglied der »Bewegung des 26. Juli« und zuverlässiger Vertrauter. Bereits ein Jahr später, am 22. Dezember 1961, verkündete Fidel auf dem Platz der Revolution in Havanna den Abschluss der Kampagne, an der sich mehr als 270.000 Kubaner als ehrenamtlich arbeitende Lehrer beteiligt hatten (Fanal Kuba, S. 243 ff.). Als erstes Land Lateinamerikas war Kuba frei von Analphabetismus. Es gebe »keinen feierlicheren und emotionaleren Moment, keinen berechtigteren Augenblick für Stolz und Ruhm als diesen, in dem viereinhalb Jahrhunderte der Ignoranz einstürzten«, sagte Castro. Als

9 Benannt nach dem Oberbefehlshaber der Rebellenarmee, der am 28. Oktober 1959 mit dem Flugzeug verschollen ist.

Ergebnis nimmt Kuba seitdem mit einer Alphabetisierungsrate von nahezu 100 Prozent weltweit einen Spitzenplatz ein.

Die neue Regierung begann ebenfalls sofort damit, die medizinische Versorgung landesweit zu verbessern. Die »Nationale Vollversammlung des kubanischen Volkes« proklamierte in der ersten »Deklaration von Havanna« das Recht der Kranken auf unentgeltlichen ärztlichen Beistand und Pflege (Hell, S. 399). Das Haushaltsbudget für den Bau von Krankenhäusern und die Ausbildung von Ärzten wurde Jahr für Jahr erhöht. Während unter Batista in den Jahren 1956 und 1957 für das nationale Gesundheitswesen ganze 22 Millionen Peso bereitgestellt wurden, waren es im Jahr 1969 bereits 220 Millionen (Grinewitsch, S. 158). Jeder Bürger erhielt einen verfassungsmäßigen Rechtsanspruch auf unentgeltliche Betreuung im Krankheitsfall. Artikel 9 der kubanischen Verfassung von 1976 verpflichtet den Staat dazu, sicherzustellen, »dass es keinen Kranken gibt, der nicht medizinisch versorgt wird«. In den Artikeln 43 und 50 wird das Recht auf kostenlose Behandlung und Vorsorge garantiert. Die Zusagen waren allerdings oft nur schwer einzuhalten, wie sich bereits wenige Monate nach dem Sieg der Guerilleros herausstellte. Nach Verabschiedung der Deklaration von Havanna entrüstete sich Fidel Castro am 17. Oktober 1960 in einer Fernsehsendung sichtlich aufgebracht über eine Kampagne der USA, die – wie er einräumte – allerdings zu erwarten gewesen sei. »Es ist gar nicht erstaunlich, dass der Imperialismus … in unserem Land die Mediziner abwerben und unser Volk ohne Ärzte lassen will, dass er ihnen große Summen anbietet, damit sie das Land verlassen«, erklärte der Revolutionsführer (Fanal Kuba, S. 107 f.). Zwar würden nicht alle Ärzte gehen, viele würden bleiben, schränkte er ein, doch als Reaktion auf die Kampagne müsse das Land jetzt auf dem schnellsten Wege Mediziner ausbilden. Dem Gegner sei es bitterernst, klagte Castro an. »Den Imperialisten ist es gleichgültig, ob eines Tages an einer Epidemie in den Bergen zehn, hundert oder tausend

Kinder sterben. Die Imperialisten und diejenigen, die ihre Seele dem Imperialismus verkaufen, kümmert es nicht, ob Kinder sterben, weil kein Arzt vorhanden ist« (ebd., S. 109).

Das gleiche Ziel einer Destabilisierung der neuen Ordnung verfolgten weitere Maßnahmen der USA, die bis heute in Kraft sind und immer wieder verschärft wurden. Präsident Dwight D. Eisenhower verhängte 1960 erste Sanktionen. Fidel parierte die Angriffe aus Washington in seiner Rede vor der UNO am 26. September 1960 mit den Worten: »Soll niemand glauben, dass wir hier ein ›mea culpa‹ anstimmen werden. Nichts dergleichen. Wir haben niemand um Verzeihung zu bitten. Was wir getan haben, haben wir sehr bewusst getan und vor allem mit der festen Überzeugung, dass wir das Recht dazu hatten« (Fanal Kuba, S. 58). Der Hüne, noch immer in der olivgrünen Uniform aus der Sierra Maestra, der einstige Studentenführer, engagierte Anwalt, politische Häftling und Guerillero, war zu einem revolutionären Staatsmann geworden. »Unsere Träume von gestern wurden zu den Gesetzen von heute«, stellte Castro – nach einer ersten Bilanz der von den Rebellen beschlossenen Veränderungen – fest (Fanal Kuba, S. 104).

2. Revolutionärer Realpolitiker

Der Sieg der Rebellen hatte Fidel Castro in die Weltgeschichte katapultiert. Er nahm seinen Platz in der internationalen Politik sofort ein und repräsentierte selbstbewusst das neue Kuba. Von der Linken Lateinamerikas gefeiert, wurde der junge Guerillero in den USA mit Argusaugen beobachtet. Drei Wochen nach dem Erfolg der Rebellen äußerte sich der Nationale Sicherheitsrat der Vereinigten Staaten (United States National Security Council, NSC) am 21. Januar 1959 gegenüber dem republikanischen Präsidenten und Ex-General Dwight D. Eisenhower besorgt über Castros Sieg. Fidels Verhalten gab Anlass zu Argwohn. Mit seinem ausgeprägten Sinn für Symbolik hatte Castro der Welt demonstriert, dass sich die Prioritäten Havannas geändert hatten. Die erste Auslandsreise unternahm er im Januar 1959 nicht – wie die bisherigen Machthaber Kubas – in die USA, sondern nach Venezuela, dem Land seines neben José Martí größten Idols, des als »Befreier Lateinamerikas« bezeichneten Simón Bolívar. Zu Beginn der fünftägigen Rundreise jubelten ihm auf der Plaza de Silencio in Caracas mehr als 300.000 Menschen zu. Jake Esterline, der Leiter des CIA-Büros in Venezuela, war Zeuge des Auftrittes. »Ich sah, und verdammt, jeder, der Augen im Kopf hatte, konnte es sehen, dass in unserer Hemisphäre eine neue und machtvolle politische Kraft auf den Plan getreten war«, schrieb er alarmiert an die CIA-Zentrale (Weiner, S. 218). Für den US-Auslandsgeheimdienst habe von diesem Zeitpunkt an festgestanden: »Wir haben hier möglicherweise einen Kommunisten in der Nachbarschaft; wir sollten ihn besser loswerden, wie wir Árbenz in Guatemala losgeworden sind« (ebd.). Im März 1959 erhielten der NSC und die CIA die

Vollmacht, konkrete »Maßnahmen zur Beseitigung Castros« in die Wege zu leiten (vgl. Coltman, S. 229).

Am 15. April 1959 flog Fidel – auf Einladung des Nordamerikanischen Verbandes der Zeitungsverleger – als kubanischer Premierminister zu einer zweiwöchigen Reise in die USA. Die Journalisten waren fasziniert von dem 33-Jährigen. Nach einer Rede im New Yorker Central Park bedachten mehr als 35.000 Zuhörer den Revolutionsführer mit anhaltendem Applaus. Castro ehrte den ersten Präsidenten der USA, George Washington, indem er dessen Grab auf seinem ehemaligen Landsitz Mount Vernon in Virginia aufsuchte. Dann besuchte er das Memorial Abraham Lincolns in Washington und legte einen Kranz vor der sechs Meter hohen Marmorstatue des 16. US-Präsidenten nieder. Schon Marx hatte Lincolns »beispiellosen Kampf für die Erlösung einer geknechteten Rasse und für die Umgestaltung der sozialen Welt« gewürdigt (MEW 16, S. 19). Fidel sah in Lincoln darüber hinaus einen Politiker, der seine Überzeugung, dass »alle Menschen frei und gleich geboren sind«, nicht nur proklamiert, sondern zeitlebens auch für sie gekämpft hatte. Noch viele Jahre später stand in Fidels Büro neben den Statuen José Martís und Simón Bolívars auch eine Büste von Abraham Lincoln (Ramonet, S. 9). Im Zusammenhang mit Lincoln erwähnte Castro oft den jungen US-Soldaten Henry Reeve[10], der im US-Bürgerkrieg gegen die Sklaverei-Befürworter aus dem Süden gekämpft hatte und später nach Kuba ging, um sich an der Seite der Mambises den Kolonialisten und dortigen Sklavenhaltern entgegenzustellen.

Ebenso groß wie der Respekt vor Washington und Lincoln war Castros Distanz zu Politikern wie Dwight D. Eisenhower.

---

10 Der 1850 in New York geborene Henry Reeve kam als 19-Jähriger freiwillig nach Kuba, kämpfte unter General Máximo Gómez gegen die Spanier und erschoss sich im August 1876, um den Feinden nicht lebend in die Hände zu fallen. Zu seinen Ehren wurden die kubanischen internationalistischen Medizinbrigaden nach ihm benannt.

Der amtierende US-Präsident hatte 1956 den Putsch gegen Guatemalas Reformpräsidenten Jacobo Árbenz befohlen und dem Diktator Rafael Trujillo in der Dominikanischen Republik den Rücken gestärkt. Auch Eisenhower hatte kein Interesse, den neuen kubanischen Premierminister zu treffen, und schickte seinen Stellvertreter Richard Nixon vor. Zum Gespräch mit dem Vizepräsidenten erschien Castro demonstrativ in der olivgrünen Uniform, trat höflich, zugleich aber betont selbstbewusst auf. Auch in seiner Rolle als Realpolitiker blieb er Guerillero und Revolutionär. Versuche, dem Besucher noch einen »Impuls in die richtige Richtung« zu geben, so Nixon, liefen ins Leere. Nach dem Treffen vermutete der US-Vizepräsident, dass Castro »entweder unglaublich naiv sei oder bereits unter kommunistischem Einfluss« stehe. Nixon stellte fest, dass Kuba die Interessen der USA nachhaltig störe, und empfahl, »umgehend Maßnahmen einzuleiten, um das Regime in Havanna zu beseitigen« (Huhn, S. 9).

Wie der Fidel begleitende kubanische Journalist Luis Báez berichtete, erwartete Raúl Castro seinen Bruder am 27. April zum Abschluss von dessen USA-Reise in Houston (Texas).[11] Raúl, der seit 1953 Mitglied der Sozialistischen Volkspartei war und mit Che Guevara und Camilo Cienfuegos marxistisch-leninistische Positionen vertrat, machte sich keine Illusionen über die Zukunft der Beziehungen zum nördlichen Nachbarn. Er war Fidel nachgereist, um ihn zu radikaleren Maßnahmen zu drängen. Mit der Unterzeichnung des Gesetzes zur Agrarreform überschritten wir »den kubanischen Rubikon«, erklärte Raúl Castro später (Leonow, S. 142). Fidel selbst unterstrich die Bedeutung dieser Maßnahme mit dem Satz: »Ohne die Bodenreform hätte unser Land nicht den ersten Schritt zu seiner Entwicklung tun können« (Fanal Kuba, S. 54). Der jüngere Bruder sollte mit der Skepsis gegenüber Washington Recht behalten. Eisenhower genehmigte im Oktober 1959 geheime Luft- und

11 Luis Baez: »Hay que salvar la esperanza«, Granma v. 17. April 2014, S. 2

Seeangriffe sowie die Anwerbung konterrevolutionärer Gruppen auf Kuba. Am 11. Dezember stimmte der US-Präsident einem von der CIA vorgelegten Aktionsplan zu, der »den Sturz Castros innerhalb eines Jahres« und die Einsetzung einer USA-freundlichen Junta vorsah. CIA-Mann Esterline, der bereits Anfang 1959 vor Fidel gewarnt hatte, wurde im Januar 1960 zum Leiter der »Einsatzgruppe Kuba« ernannt, einer geheimen Abteilung innerhalb der CIA. Zurück in Havanna erklärte Fidel Castro, man dürfe Washington nicht trauen und stimmte die kubanische Bevölkerung auf kommende Auseinandersetzungen ein. »Viele glaubten, am 1. Januar sei der Kampf beendet worden. ... Warum? Weil sie nicht begriffen haben, was eine Revolution ist. ... Aber wir wussten, und vom ersten Tage an haben wir es deutlich gesagt, dass der Kampf weitergeht und dass der revolutionäre Kampf ein langer Kampf sein wird«, sagte Castro (Fanal Kuba, S. 81).

Sieg über die Invasoren

Trotz erster Auslandsreisen, die ihn nach dem USA-Aufenthalt unter anderem nach Kanada, Brasilien, Argentinien, Uruguay und Trinidad führten, gelang es Castro zunächst nicht, sich weiter als Staatsmann und Realpolitiker auf der internationalen Ebene zu profilieren. Da die von der CIA unterstützten Gegner der neuen Ordnung mit Sabotageakten und Bombenanschlägen kaum nennenswerte Erfolge erzielt hatten, setzte Washington nun zunehmend auf andere Methoden, um Kuba wieder unter seinen Einfluss zu bringen. »Der interne Widerstand gegen Castro begann, ... in sich zusammenzufallen, allerdings hatte die CIA dem, was sich auf der Insel faktisch abspielte, ohnehin nie sonderliche Beachtung geschenkt«, bemerkte der US-Geheimdienstexperte Tim Weiner (S. 228). Richard Bissell, der Leiter der Abteilung Geheimoperationen der CIA, schickte deshalb Anfang 1960 Jake Esterline nach Guatemala, um ein Trainingscamp für Söldner einzurichten. Das Ausbildungslager der CIA verfügte über einen Flugplatz, moderne Infrastruktur und ein eigenes Bordell (ebd., S. 223). US-amerikanische Militär-Instrukteure bauten mit Unterstützung von »Spezialisten« aus der Bundesrepublik Deutschland eine Söldnerarmee mit dem Namen »Brigade 2506« auf.[12] Am 11. März 1961 informierte Bissell den seit dem 20. Januar amtierenden neuen Präsidenten John F. Kennedy über Details der Invasionspläne. Trotzdem versicherte Kennedy einen Tag später auf seiner wöchentlichen Pressekonferenz: »Die Regierung wird nicht zulassen, dass in den Vereinigten Staaten eine Invasion gegen Kuba vorbereitet wird« (Huhn, S. 27).

Fidel Castro, der seinen Kampfanzug nie abgelegt hatte, wusste, dass Kennedy die internationalen Medien belogen hatte. »Es war uns schon seit nahezu einem Jahr bekannt, dass der Gegner eine Söldnertruppe zusammenstellte, um unser Land anzugreifen«, erklärte er nach der Invasion (Fanal Kuba, S. 147). Tatsächlich hatte die im Juni 1959 auf Initiative von Fidel Castro und Che Guevara gegründete kubanische Nachrichtenagentur »Prensa Latina« schon mehrere Monate vor Landung der Söldner auf den exakten Ort des Ausbildungslagers in Guatemala verwiesen (Masetti, S. 26). Als Washington die diplomatischen Beziehungen zu Kuba abbrach und am 3. Januar 1961 seine Botschaft in Havanna schloss, war Castro klar, dass der Angriff in den nächsten Monaten erfolgen würde. Am 6. April 1961 alarmierte er die Bevölkerung. »Was wir geschaffen haben, werden wir zu verteidigen wissen. Wir haben die Waffen, es zu verteidigen und wir haben den Mut und die Entschlossenheit, es zu verteidigen!«, erklärte er vor Bauarbeitern der Hauptstadt (Fanal Kuba, S. 131).

Bei Tagesanbruch des 15. April begann die »Operation Pluto«. Mit kubanischen Hoheitszeichen getarnte CIA-Bomber

---

12 Information des späteren WDR-Fernsehdirektors und ehemaligen NSDAP-Mitglieds Werner Höfer in seiner Sendung »Der Internationale Frühschoppen« nach der Invasion, vgl.: www.youtube.com/watch?v=Bpmmdt7Jvig (zuletzt abgerufen am 25.6.2018).

griffen drei Militärflugplätze und zivile Ziele in Kuba an. Acht Menschen wurden getötet, zahlreiche verletzt. An dem »Zwischenfall war kein Personal der Vereinigten Staaten beteiligt. Es waren keine Flugzeuge der Vereinigten Staaten, es waren Flugzeuge Castros«, versuchte Adlai Stevenson, der US-Botschafter bei den Vereinten Nationen, in der an diesem Tag in New York stattfindenden UN-Vollversammlung die Weltöffentlichkeit zu täuschen. »Die Überfälle sind zweifellos der Auftakt einer Invasion, von Washington organisiert, ausgerüstet und finanziert«, entgegnete ihm Kubas Außenminister Raúl Roa (Fanal Kuba, S. 141). Auf der Totenehrung für die Opfer warnte Fidel Castro am 16. April vor der unmittelbar bevorstehenden Invasion. »Sie können uns nicht verzeihen, dass wir hier vor ihrer Nase eine sozialistische Revolution gemacht haben«, sagte er. Die Kubanische Revolution damit nun offiziell zu einer sozialistischen Revolution erklärend, rief Fidel: »Genossen Arbeiter und Bauern! Dies ist die sozialistische und demokratische Revolution der einfachen Menschen, mit den einfachen Menschen und für die einfachen Menschen. Für sie sind wir bereit, unser Leben zu geben« (ebd., S. 145). Wie üblich wurde seine Ansprache zu einem Dialog mit den Zuhörern, die schworen, sich »niemals dem Feind zu ergeben«. Am Ende der Rede stimmten Tausende den Refrain der Nationalhymne an, in welchem es heißt, in Ketten zu leben, bedeute, »in Schmach und Schande zu versinken«.

Am 17. April ging die CIA-Invasionsflotte der »Brigade 2506« mit rund 1.500 Söldnern in der Schweinebucht an Land. Fidel Castro koordinierte die Aktionen der Revolutionären Streitkräfte, der sich im Aufbau befindlichen Milizen und des »Pueblo combatiente«, wie die kämpfende Bevölkerung genannt wurde. Nach 72 Stunden waren die Invasoren besiegt. »Ich nahm teil an der Gefangennahme von ich weiß nicht wie vielen Leuten«, erinnerte er sich (Ramonet, S. 286). »Wir töten keine Gefangenen!«, befahl Fidel und berichtete, dass die

Soldaten und Milizionäre nicht einem einzigen von jenen »bezahlten Söldnern im Dienst einer fremden Macht, für die sie keinerlei Sympathie hegten« auch nur einen Gewehrkolbenschlag versetzt hätten. Stattdessen seien verletzte Gefangene in Krankenhäuser gebracht worden. »Ich frage mich, ob es so etwas in der Geschichte schon einmal gegeben hat«, kommentierte Castro (ebd.). Der gescheiterte Invasionsversuch hatte auf kubanischer Seite 176 Tote und über 300 Verletzte gefordert. Die Aggressoren verzeichneten mehr als 200 Opfer. Unter den 1.200 festgenommenen Söldnern waren 100 Plantagenbesitzer, 67 Eigentümer von Mietshäusern, 35 Besitzer von Fabriken, 112 Geschäftsleute und 194 Ex-Militärs der Batista-Armee.

Fidel Castro verwandelte die Verhöre der Inhaftierten in ein Lehrstück über Motive und Ziele der Invasoren sowie die Rolle der USA. Im April wurden 41 der gefangenen Söldner an vier Abenden im Gewerkschaftshaus von Havanna von einem Panel von Juristen und Journalisten befragt. Vertreter der ehemals herrschenden Klasse, der kubanischen Bourgeoisie, bekleidet mit US-amerikanischen Fallschirmjäger-Uniformen, mussten Rede und Antwort stehen. Alle Verhöre waren öffentlich und wurden vom kubanischen Fernsehen live übertragen. »Ich bin hier ihr Kontrahent, aber ein Kontrahent, der das Fernsehen hierher gebracht hat, damit Sie sprechen, damit Sie sagen, was Sie denken«, eröffnete Fidel das Gespräch mit einem der Gefangenen. In den Kämpfen sei viel Blut vergossen worden, fuhr er fort. »Das kubanische Volk soll wissen, warum dieses Blut vergossen wurde, ob es einen Grund dafür gab oder nicht, dieses Blut zu vergießen« (Fanal Kuba, S. 172). Das Verhör von Havanna, urteilte der Schriftsteller Hans Magnus Enzensberger[13], wurde zu einem »entlarvenden Selbstbildnis der herrschenden

13 Enzensberger hat für sein dokumentarisches Stück »Das Verhör von Habana« aus den Tonbandprotokollen zehn Verhöre abgeschrieben und »interpretierend übersetzt«. Er bezeichnete sein Werk als Rekonstruktion eines revolutionären Aktes.

Klasse und ihrer Konterrevolution«, von Figuren, die, wenn sie von »Heimat« sprechen, nicht an Kuba denken. »Ihre Heimat ist der Mehrwert«, schrieb Enzensberger (Spiegel 25/1970, S. 154).

Trotz ihrer Toten und Verwundeten diskutierte die kubanische Bevölkerung nicht über Gefängnis, Vergeltung oder Rache. »Wozu sollten wir 1.200 Gefangene hier behalten, die sie dann in Miami zu Märtyrern erklärt hätten?«, schilderte Castro seine Überlegungen (Ramonet, S. 290). »Hätten wir tausend und mehr US-Amerikaner rekrutiert, um die Vereinigten Staaten zu überfallen, dann hätten sie dort lebenslänglich bekommen, wenn man nicht gleich einige wegen Hochverrats erschossen hätte« (ebd.). Castro forderte von der Regierung der Vereinigten Staaten stattdessen eine Entschädigung in Form von Medikamenten und Nahrungsmitteln für die Kinder. Dies nützte der unter der US-Blockade leidenden Bevölkerung, war eine humanitäre Geste gegenüber den Gefangenen und zudem ein kluger Schachzug. Die geleisteten Entschädigungen mussten zugleich wie ein öffentliches Schuldeingeständnis der USA wirken. Castros Geschick machte die Invasion für Washington sowohl militärisch als auch moralisch zum Fiasko. Lateinamerikas Linke feierte »die erste imperialistische Niederlage auf dem Kontinent« und den Oberbefehlshaber Fidel Castro. Das Prestige des in westlichen Industrienationen zum »Traum aller Schwiegermütter« verklärten US-Präsidenten John F. Kennedy war – zumindest in den Ländern des globalen Südens – gegen Null gesunken.

Nach der missglückten Invasion untersagte Kennedy im Februar 1962 alle Handelsbeziehungen zwischen den USA und Kuba. Später wurde die Einfuhr von Produkten aus Drittländern verboten, wenn ein Rohstoff dafür aus Kuba kam. Damit verschärfte Kennedy die bereits 1960 von Dwight D. Eisenhower verhängten Sanktionen. Als Ziel aller Maßnahmen wurde in einem internen Dokument der US-Regierung vom 6. April 1960 »das Provozieren von Enttäuschung und Entmutigung durch wirtschaftliche Not« definiert. Wörtlich heißt es in dem von Staatssekretär Lester Mallory verfassten Memorandum: »Die Mehrheit der Kubaner unterstützt Castro … Es gibt keine wirksame politische Opposition. Das einzige absehbare Mittel, um ihm interne Unterstützung zu nehmen, ist, mittels Enttäuschung und Unzufriedenheit aufgrund wirtschaftlicher Mängel und Elends … das Wirtschaftsleben zu schwächen … und Kuba Geld und Versorgung zu rauben, um die Nominal- und Reallöhne zu reduzieren und Hunger, Verzweiflung und den Sturz der Regierung hervorzurufen«.[14] Der Hunger sollte bewirken, was in der Schweinebucht misslungen war.

Durch Druck auf die von Washington abhängigen, meist diktatorischen Regime versuchten die USA, den mit ihrer Niederlage erlittenen Imageschaden in Lateinamerika wieder auszugleichen. Auf einer Außenministerkonferenz der Organisation Amerikanischer Staaten (OAS) in Punta del Este (Uruguay) erreichte US-Außenminister Dean Rusk im Januar 1962 den Ausschluss Kubas aus dem interamerikanischen Staatenverbund. Doch auch darauf war Castro vorbereitet. Am 4. Februar versammelten sich über eine Million Menschen auf dem Platz der Revolution und verabschiedeten als »Nationalversammlung des kubanischen Volkes« die »Zweite Deklaration von Havanna«. Diese Erklärung bezeichnet die OAS als Instrument der USA und stellt die Bedeutung der Kubanischen Revolution für Lateinamerika heraus. Im Hinblick auf die Invasion in der Schweinebucht heißt es über das Treffen der Außenminister in Punta del Este: »Was tun sie? Verwarnen sie die US-Regierung und ihre Komplizen in der Aggression? Nein. Sie schließen Kuba aus, das Opfer, das überfallene Land!« Zu Beginn verweist die Erklärung, der Stempel Fidel Castros ist unverkennbar, auf José Martí, der bereits 1895 geschrieben hatte: »Das Lebensinteresse

14 https://history.state.gov/historicaldocuments/frus1958-60v06/d499

der Nationen gebietet zu vereiteln, dass in Kuba dem Weg der Annexion eine Bresche geschlagen wird. Denn am Ende dieses Weges, mit Kubas Blut getränkt, steht die Annexion des ganzen Kontinents« (Fanal Kuba, S. 371). Deshalb, so heißt es in der Deklaration, sei es »falsch und unredlich, die Völker in der Illusion zu wiegen, dass man die herrschende Klasse auf legalem Wege entmachten könnte« (ebd., S. 395). Das später oft zitierte Fazit der Deklaration lautet: »Die Pflicht eines jeden Revolutionärs ist es, die Revolution zu machen« (Ramonet, S. 733).

Die zunehmende Feindseligkeit Washingtons hatte Fidel Castro bereits vor dem Invasionsversuch in der Einschätzung bestärkt, dass die Kubanische Revolution ohne mächtige Verbündete nicht dauerhaft zu verteidigen sei. Er startete eine diplomatische Offensive und suchte den Kontakt zu Ländern, die nicht von den USA unter Druck gesetzt werden konnten. Auf Vermittlung von Raúl Castro, der seit der Studentenzeit Verbindungen in die Sowjetunion unterhielt, besuchte der stellvertretende sowjetische Ministerpräsident Anastas Mikojan im Februar 1960 Havanna. Die UdSSR gewährte Kuba einen Kredit über einhundert Millionen Dollar. Beide Regierungen vereinbarten die Wiederaufnahme diplomatischer Beziehungen und schlossen einen Vertrag über die Lieferung von Öl gegen Zucker ab. CIA-Chef Allen Dulles berichtete im NSC von Mikojans Besuch in einer landwirtschaftlichen Kooperative, über den ihn seine Spione informiert hatten. Als der Gast über Hilfsangebote sprach, habe die Menge immer wieder lautstark gefordert: »Auch Gewehre und Flugzeuge!« Dies sei so lange gegangen, bis Mikojan antwortete: »Ja, auch Gewehre und Flugzeuge!«[15] Bei seiner Rückkehr teilte der stellvertretende Ministerpräsident dem Politbüro der KPdSU mit, dass in Kuba eine wirk-

15 Memorandum of Discussion at the 435th Meeting of the National Security Council, Washington, February 18, 1960 (https://history.state.gov/historicaldocuments/frus1958-60v06/d456).

liche Revolution des Volkes, ohne Einfluss von außen stattgefunden habe. Er empfahl der Sowjetregierung, den Prozess in jeder Hinsicht zu unterstützen (Leonow, S. 151). »Wir gaben ihnen Panzer und Artillerie und schickten ihnen Ausbilder«, erinnerte sich der Vorsitzende des Ministerrats der UdSSR, Nikita Chruschtschow, in seinen Memoiren. »Darüber hinaus schickten wir ihnen Flugabwehrgeschütze und einige Jagdmaschinen. Infolge unserer Unterstützung war Kuba nunmehr stark bewaffnet« (Talbott, S. 458). Am 8. Mai 1960, dem fünfzehnten Jahrestags des Sieges der Sowjetunion über die deutschen Faschisten, nahmen Havanna und Moskau die unter Batista abgebrochenen diplomatische Beziehungen wieder auf. Im gleichen Jahr beendete Kuba die von den früheren Regierungen unterhaltenen Verbindungen zu Taiwan. Damit stand auch der Aufnahme von diplomatischen Beziehungen zur Volksrepublik China nichts mehr im Wege. Che Guevara unterzeichnete zudem im Dezember 1960 in Berlin ein langfristiges Abkommen über Handel und wissenschaftlich-technische Zusammenarbeit mit der DDR. Die Aufnahme diplomatischer Beziehungen folgte am 12. Januar 1963.[16]

Da die totale Wirtschaftsblockade infolge des Ausbaus der Beziehungen zur Sowjetunion und den sozialistischen Ländern Osteuropas nicht die beabsichtigte Wirkung erzielte, bereiteten die USA eine Intervention mit eigenen Truppen vor. Seit November 1961 trieb Washington die Umsturzpläne mit einem Programm voran, das den exotischen Namen »Operation Mongoose« erhielt. Unter der Oberaufsicht des Justizministers und Präsidentenbruders Robert Kennedy wurde es zum größten Unternehmen, das je von US-Geheimdiensten gegen Kuba durchgeführt wurde. Ende 1961 richteten mehr als 600 CIA-

16 Die Bundesrepublik Deutschland brach daraufhin ihre diplomatischen Beziehungen zu Kuba ab. Sie wurden erst 1975 unter der Regierung Willy Brandt wieder aufgenommen.

Agenten eine Kommandozentrale auf dem Campus der Universität von Miami ein, von wo aus Sabotage- und Terroreinsätze koordiniert und Pläne zur ökonomischen Vernichtung der Insel umgesetzt werden sollten. Das letztendliche Ziel der »Operation Mongoose« bestand darin, in Kuba ein Chaos aus Hunger, Not und Gewalt anzurichten, um einen US-Militäreinsatz zu rechtfertigen. Sollte diese Situation nicht bis zu Beginn des Jahres 1962 erreicht werden, empfahlen die Verantwortlichen, im März 1962 einen Kriegsgrund vorzutäuschen und die US-Truppen in Marsch zu setzen. Zu den Vorschlägen gehörten Pläne, Kuba für Anschläge auf den US-Stützpunkt in Guantánamo, auf US-amerikanische Schiffe oder für Flugzeugentführungen verantwortlich zu machen. Möglich wäre auch, ein leeres Passagierflugzeug per Fernsteuerung an den kubanischen Luftraum heranzuführen, auf internationalen Frequenzen einen MiG-Angriff zu melden, das Flugzeug per Funk zu sprengen, den angeblichen Opfern fiktive Namen zu geben und in US-Tageszeitungen zu publizieren. Der weltweite Ruf für Vergeltung wäre dann ein plausibler Grund für die Entsendung von Truppen (Greiner, S. 27). Die Einsatzrichtlinien für den Einmarsch mit Namen wie »OPLAN 314-61« oder »ORTSAC« (Castro in umgekehrter Richtung) wurden im Weißen Haus ständig aktualisiert. Präsident Kennedy verlangte, dass eine Landung auf Kuba innerhalb von zwei bis drei Tagen nach seinem Einsatzbefehl durchführbar sein müsse (ebd., S. 28).

Während der Kämpfe in der Schweinebucht hatte Chruschtschow bereits erklärt, dass sein Land den Kubanern alle notwendige Hilfe leisten werde, um eine Invasion zurückzuschlagen. Wie der kubanischen Führung war aber auch ihm klar, dass die junge Revolution – trotz sowjetischer Hilfe – keine Überlebenschance haben würde, falls die USA ihre eigenen, überlegenen Streitkräfte in Marsch setzen sollten. Im Laufe des Jahres 1961 verdichteten sich Informationen des sowjetischen Geheimdienstes KGB über die konkrete Planung der USA, Kuba – diesmal mit ihrer Marine, der Luftwaffe und Bodentruppen – zu überfallen. Der junge Realpolitiker Fidel Castro stand vor der wohl größten Herausforderung seines bisherigen Lebens.

Nagelprobe Raketenkrise

Moskau schickte den Oberbefehlshaber der Luftverteidigung und der Strategischen Raketentruppen, Marschall Sergei Semjonowitsch Birjusow, sowie das ZK-Mitglied Scharaf Raschidowitsch Raschidow nach Havanna. Die Abgesandten informierten den Oberkommandierenden Fidel und Verteidigungsminister Raúl Castro über die Vorhaben der USA und schlugen zur Abschreckung die Stationierung einer kleinen Anzahl von Mittelstreckenraketen mit atomaren Sprengköpfen in Kuba vor. Die Kubaner zögerten, wollten keine Atomwaffen in ihrem Land. »Ich gestehe, dass ich mich nicht besonders wohl bei dem Gedanken fühlte, diese Waffen in Kuba zu haben«, meinte Fidel. Er schlug Moskau zunächst vor, eine Erklärung abzugeben, dass jede Invasion Kubas als Angriff auf die Sowjetunion mit entsprechenden militärischen Konsequenzen betrachtet würde. Die USA, so Castros Kalkül, würden es nicht wagen, der UdSSR den Krieg zu erklären und den Beginn des Dritten Weltkrieges zu riskieren. Chruschtschows Abgesandte blieben jedoch beim Vorschlag der Raketenstationierung, berichtet KGB-Mann Nikolai Leonow (Leonow, S. 161 f.). Chruschtschow ging davon aus, »dass es töricht sei zu erwarten, die unausbleibliche zweite Invasion würde ebenso schlecht geplant werden wie die erste. Warnend wies ich darauf hin, dass Castro im Falle einer weiteren Invasion gegen Kuba vernichtet werden würde, und sagte, wir seien die einzigen, die verhindern könnten, dass sich eine solche Katastrophe ereignet« (Talbott, S. 461). Sollten die USA einen Blitzkrieg gegen Kuba führen, so die Überlegung des Generalsekretärs, würden sowjetische Truppen zu spät auf der Insel eintreffen, um den Kubanern beistehen zu können. Fidel beriet sich zunächst nur mit Raúl und Che Guevara, denen Chruschtschows Argumente einleuchteten. Alle drei kamen schließlich zu dem Ergebnis, ihr Land und die Revolution im Ernstfall nur mit Hilfe der UdSSR und des sozialistischen Lagers gegen die Aggressionspläne der USA verteidigen zu können. Auch die Nationale Leitung der Revolution stimmte dem Vorschlag zu und gab grünes Licht für die »Operation Anadyr« (Ramonet, S. 299 ff.).

Im April 1962 wurde mit dem Bau der Anlagen für Trägerraketen, Sprengköpfe und Flugzeuge begonnen. Bis zu Beginn des Herbstes war jedoch noch keine einzige Mittelstreckenrakete in der Karibik angekommen (Greiner, S. 42). Moskau hatte zugesagt, neben den Raketen auch IL-28-Düsenbomber zu stationieren. »Die IL-28 war zu langsam und deshalb leicht abzuschießen, als dass sie feindliches Gebiet überfliegen konnte. Aber sie war gut geeignet für die Küstenverteidigung«, wusste Chruschtschow (Talbott, S. 462). Die kubanischen Streitkräfte waren auf derartige Defensivwaffen angewiesen. Im Sommer 1962 drangen US-Flugzeuge und -Schiffe fast täglich in kubanisches Hoheitsgebiet ein. Auf Einladung des sowjetischen Verteidigungsministers Malinowski reiste Raúl Castro am 2. Juni 1962 zu zweiwöchigen Beratungen nach Moskau und unterzeichnete mehrere Beistandsverträge (Leonow, S. 162). Als US-Spionageflugzeuge im Oktober 1962 die Installationen auf der Insel entdeckten, Kennedy die US-Streitkräfte weltweit in Alarmbereitschaft versetzte und am 16. Oktober eine totale Seeblockade verhängte, stand die Welt am Rande eines Krieges. In Florida wartete eine 150.000 Mann starke US-Invasionsarmee auf ihren Einsatzbefehl. Während der britische Premierminister Harold Macmillan zur Behutsamkeit mahnte und darauf hinwies, dass eine Seeblockade völkerrechtlich als »kriegerischer Akt« gelte, forderte Bundeskanzler Konrad Adenauer eine Bombardierung und Invasion Kubas.[17]

---

17 www.zeit.de/1989/05/wie-die-kuba-krise-wirklich-war/seite-2

Seit dem 25. Oktober donnerten US-Kampfjets ununterbrochen über die Insel. Die Piloten simulierten Bombenangriffe auf die Raketenstellungen; sie näherten sich im Sturzflug, fingen ihre Maschinen in knapp 200 Meter Höhe ab und steuerten imaginäre Ziele über den Baumkronen an. Man praktizierte den Psychokrieg (Greiner, S. 86 f.). Fidel Castro behielt die Nerven, ließ jedoch Kampfalarm auslösen. Dreihunderttausend kubanische Soldaten und Milizionäre wurden an die Waffen gerufen. Beim Kommandeur der sowjetischen Truppen in Kuba, Issa Plijew, erzielten die Scheinangriffe der US-Bomber dagegen die beabsichtigte Wirkung. Er meldete nach Moskau, dass die Raketenbasen binnen 24 Stunden attackiert würden (ebd., S. 87). Nach dem Austausch zahlreicher Depeschen vereinbarten Kennedy und Chruschtschow am 28. Oktober 1962 den Abbau der Raketenanlagen in Kuba. Im Gegenzug stimmten die USA zu, ihre Thor- und Jupiter-Atomraketen aus der Türkei abzuziehen, durch die Moskau sich bedroht fühlte. Kennedy erklärte zudem verbindlich, dass die USA Kuba nicht militärisch angreifen würden. Chruschtschow sah darin einen Erfolg, er relativierte die ursprüngliche Euphorie später jedoch. »So haben wir die Existenz eines sozialistischen Kubas zumindest für weitere zwei Jahre gesichert, solange Kennedy im Weißen Haus ist. Und wir haben Grund zu der Annahme, dass Kennedy für eine zweite Amtszeit wiedergewählt wird«, schrieb er in seinen Memoiren (Talbott, S. 468).

Die kubanische Regierung erfuhr von der Vereinbarung zwischen Kennedy und Chruschtschow erst am 28. Oktober aus den Nachrichten von Radio Moskau. Während die Kubaner vor der Stationierung in zahlreichen Gesprächen monatelang von der sowjetischen Führung gedrängt worden waren, den Raketen auf ihrem Territorium zuzustimmen, wurden sie vor deren Abzug nicht einmal konsultiert, sondern vor vollendete Tatsachen gestellt. Fidel Castro befand sich in einer schwierigen Situation. Da er den USA – trotz der Zusage Kennedys – nicht traute und mit einer Fortsetzung der terroristischen Aktionen rechnete, war er auf den Bündnispartner UdSSR weiter angewiesen. Andererseits konnte er die Verletzung der Unabhängigkeit und Souveränität seines Landes durch Chruschtschow nicht hinnehmen. Das kubanische Volk, seine Regierung und Castro waren nicht bereit, die früheren Abhängigkeiten von Spanien und den USA zugunsten einer neuen Ergebenheit gegenüber Moskau einzutauschen. Die Kubaner sahen ihren Sozialismus als eine Verbindung des Marxismus-Leninismus mit der revolutionären Ethik José Martís, bei der die Unabhängigkeit eine zentrale Bedeutung einnimmt. Castro empfand Moskaus Verhalten als Widerspruch zum Souveränitätsgedanken und zu seiner Sozialismusdefinition. Er warf Chruschtschow vor, mit den USA hinter dem Rücken der Kubaner verhandelt zu haben. »Wir waren nicht gegen irgendeine Lösung, denn es war vorrangig, einen nuklearen Konflikt zu vermeiden. Aber Chruschtschow hätte den US-Amerikanern sagen müssen: ›Man muss das auch mit den Kubanern besprechen.‹ Es mangelte ihm in diesem Augenblick an Besonnenheit und Standhaftigkeit. Grundsätzlich hätten sie uns konsultieren müssen«, erklärte Castro (Ramonet, S. 306). Wäre sein Land einbezogen worden, so meinte er, wäre das Abkommen zur Beilegung der Krise für Kuba vorteilhafter ausgefallen. Aus Sicht der kubanischen Regierung hätten zur Vermeidung künftiger Aggressionen fünf konkrete Konfliktpunkte geklärt werden müssen. Unter anderem hätte über die Rückgabe des von US-Militärs besetzten Gebietes in der Bucht von Guantánamo, die Beendigung der Wirtschaftsblockade, die Aufgabe der US-Spionageflüge und die Einstellung der Finanzierung terroristische Angriffe verhandelt werden müssen, heißt es in einem Fünf-Punkte-Papier Havannas. Auch der mit den Kubanern nicht kommunizierte Abzug der für die Küstenverteidigung wichtigen IL-28-Flugzeuge, auf dem Kennedy bestanden hatte, beunruhigte Castro. Sein Misstrauen war berechtigt. »Ich glaube nicht, dass wir die Kuba-Geschichte auf sich beruhen lassen können«, meinte Kennedy wenig später in einem Telefonat mit seinem Amtsvorgänger Eisenhower. Gegenüber den Vereinten Stabschefs wurde er deutlicher: »Wir müssen davon ausgehen, dass wir eines Tages wahrscheinlich auf Kuba landen müssen« (Greiner, S. 118).

Fidel Castro hatte in den Tagen vor der Vereinbarung vage und unbestätigte Hinweise erhalten, dass die Sowjetunion einen Abzug der Raketen vorschlagen könnte. Am 26. Oktober warnte er Chruschtschow deshalb in einem Brief: Sollte es dazu kommen, »dass die Imperialisten Kuba mit dem Ziel überfallen, das Land zu besetzen, dann ist die Gefahr, die von dieser aggressiven Politik für die Menschheit ausgeht, so groß, dass die Sowjetunion niemals Umstände zulassen darf, unter denen die Vereinigten Staaten einen nuklearen Erstschlag gegen sie ausführen können« (Ramonet, S. 307). Chruschtschow war über Castros Brief verärgert. Von Militärexperten im eigenen Land wurde dem Kremlchef vorgehalten, im entscheidenden Moment die Nerven verloren zu haben. Die westlichen Medien feierten die Vereinbarung als Sieg Kennedys und China schlachtete die Schlagzeilen genüsslich als Bestätigung für die Kritik Pekings an den Moskauer »Revisionisten« aus. Am 30. Oktober setzte Chruschtschow in einem Brief an Castro ein Gerücht in die Welt, das – trotz sofortiger Dementis – bis heute immer wieder aufgewärmt wird. »In ihrem Telegramm vom 27. Oktober schlugen Sie uns einen atomaren Erstschlag gegen den Feind vor«, schrieb Chruschtschow, das Datum verwechselnd. »Sie wissen ja sicher, was das bedeuten würde. Es wäre kein einfacher Schlag, sondern der Beginn eines nuklearen Weltkrieges« (ebd., S. 310). Fidel antwortete sichtlich gereizt. »Ich weiß nicht, welche Nachrichten Sie erhalten haben; ich selbst habe ihnen nur die Nachricht vom 26. Oktober geschickt«, schrieb er am 31. Oktober an den Generalsekretär der KPdSU. »Ich habe Ihnen nicht vorgeschlagen, Genosse Chruschtschow, dass die Sowjetunion angreifen soll, denn das wäre inkorrekt, unmoralisch und niederträchtig von mir, sondern dass man in dem Augenblick, da die Imperialisten Kuba angreifen … und sich die Imperialisten durch diese Tatsache in Aggressoren gegen Kuba und gegen die UdSSR verwandeln würden, ihnen mit einem vernichtenden Gegenschlag antworten müsse« (ebd., S. 313). Obwohl Fidel in diesem Schreiben an mehreren Stellen ausdrücklich darauf hinweist, niemals gefordert zu haben, »dass die UdSSR inmitten einer Krise angreifen solle«, verbreiten westliche Autoren beharrlich die Behauptung, Castro habe Chruschtschow zum Atomkrieg gedrängt. Als Beleg gilt unter anderem ein späteres Interview mit Fidel Castro, in dem dieser gesagt haben soll: »Wir hätten mit einem Schlag geantwortet, der sie vernichtet hätte« (Greiner, S. 90). In einem am 13. September 1998 von dem US-amerikanischen Nachrichtensender CNN ausgestrahlten sechsstündigen Fernsehinterview[18] erklärte der kubanische Staatschef dazu erneut, dass es ihm darum gegangen sei, ein vom Gegner falsch zu verstehendes »Einknicken« der Sowjets zu verhindern. Er habe Chruschtschow nie zu einem »Präventivschlag« während der Krise aufgefordert, sondern auf die Konsequenzen eines Erstschlages durch die USA hingewiesen. Trotz der Klarstellungen hält sich die gegenteilige Interpretation hartnäckig. Es scheint, als solle Castros Warnung vor den möglicherweise apokalyptischen Folgen eines US-Militärangriffs in ihr Gegenteil verkehrt werden. Genau dieselben Überlegungen, die Fidel zu seinen warnenden Briefen an Chruschtschow veranlassten, hatten John F. Kennedy dazu gebracht, den Falken im Pentagon Angriffe auf Stellungen in Kuba zu untersagen. Bemerkenswerterweise hat die CIA, für die jeder Anlass zur Dämonisierung Castros normalerweise ein gefundenes Fressen war, die Vorwürfe nicht ausgeschlachtet. Brian Latell, seit Anfang der 1960er CIA-Analyst und seit 1964 Kuba-Referent des Geheimdienstes, erwähnt sie in seinem 2007 erschienenen Buch »After Fidel« mit keinem Wort. Chruschtschow, der ahnte, dass er den Zenit seiner Macht überschritten

18 www.latinamericanstudies.org/us-cuba/missile-crisis.htm

hatte, flüchtete sich zuletzt in Verschwörungstheorien. »Die ganze Zeit über hatten die Chinesen sowohl öffentlich viel Lärm geschlagen als auch Castro ins Ohr geflüstert: ›Denken Sie nur daran, man kann sich bei den Imperialisten nie darauf verlassen, dass sie irgendwelche gegebenen Versprechen halten!‹ Mit anderen Worten, die Chinesen beuteten die Episode aus, um uns in den Augen der Kubaner in Misskredit zu bringen«, schrieb Chruschtschow (Talbott, S. 468).[19]

Fidel Castro empfand dessen Verhalten als Affront und sah darin eine Missachtung der kubanischen Souveränität. »Unsere Beziehungen zur Sowjetunion verschlechterten sich. Das nahm über Jahre Einfluss auf unsere Zusammenarbeit«, erinnerte er (Ramonet, S. 306). Auch Chruschtschow stellte fest, dass die Kubaner das Vertrauen in Moskaus Bündnistreue verloren hatten. »Castro empfing nicht einmal mehr unseren Botschafter«, klagte er (Talbott, S. 467). Der Kremlchef schickte den mit Raúl Castro und Che Guevara gut bekannten Anastas Mikojan als Unterhändler nach Havanna, um die Wogen zu glätten. Mikojan sprach erst einmal eine Einladung aus. Vom 27. April bis zum 3. Juni 1963 hielt Fidel Castro sich zu seinem – ungewöhnlich langen – ersten Staatsbesuch in Moskau auf. Es gab offenbar viel zerschlagenes Porzellan zu kitten. Während der Maiparade stand Castro neben Chruschtschow auf der Kremlmauer. Er wurde mit dem Titel »Held der Sowjetunion« und als erster Ausländer mit dem Leninorden ausgezeichnet. Der Kreml versicherte dem Revolutionsführer, dass die UdSSR Kuba auch nach dem Abzug der Raketen gegen jeden Angriff verteidigen würde. Wie zur Unterstreichung dieses Versprechens wurde Fi-

19 Den Briefwechsel zwischen Fidel Castro und Chruschtschow enthält der Interview-Band von Ignacio Ramonet (S. 306-313). Der umfangreiche Schriftverkehr zwischen Chruschtschow und Kennedy sowie zahlreiche weitere, mittlerweile freigegebene Dokumente über die Vereinbarung finden sich auf der Homepage: www.latinamericanstudies.org/missile.htm

del Castro als erster und einziger ausländischer Regierungschef eingeladen, die hochgeheimen sowjetischen Atom-U-Boote zu inspizieren. Für den Rückflug nach Havanna stellte die Armee dem kubanischen Gast eine Passagierversion des leistungsstärksten und schnellsten Bombers der Welt, die damals neue Tupolew Tu-114, zur Verfügung (Leonow, S. 146). Doch trotz aller Beschwichtigungsversuche misstraute Castro – nach der Entmachtung Chruschtschows im Oktober 1964 – auch den auf ihn folgenden Sowjetführern. Die Skepsis beruhte auf Gegenseitigkeit. Moskau war über Kubas Aktivitäten auf internationalem Parkett und Havannas massiver Unterstützung für Befreiungsbewegungen nicht erfreut. Der von Fidel unterstützte revolutionäre Enthusiasmus Che Guevaras passte nicht zu Leonid Breschnews Konzept der friedlichen Koexistenz. In einem von der CIA im November 1967 erstellten Memorandum beurteilte der US-Geheimdienst die Beziehungen zwischen Moskau und Havanna mit dem Satz: »Breschnew denkt, dass Castro irgendein Idiot ist, und Castro hält vermutlich auch nichts von Breschnew«[20].

In Kuba warb derweil eine konspirativ operierende Gruppe um den Altfunktionär Aníbal Escalante in der Kommunistischen Partei für eine Kurskorrektur. Escalante setzte sich für die von Breschnew propagierte friedliche Koexistenz ein und verlangte die Abkehr vom Internationalismus kubanischer Prägung (Leonow, S. 166ff.). Raúl Castro informierte Fidel und andere Parteiführer, dass die als »Mikrofraktion« bezeichnete Gruppierung Propagandamaterial verbreitet und Informationen für ausländische Mächte gesammelt habe (Spiegel 7/1968, S. 76ff.). Escalante und fünfunddreißig weitere Mitglieder der »Mikrofraktion« wurden Anfang 1968 in Havanna vor Gericht gestellt und zu mehrjährigen Gefängnisstrafen verurteilt (Leonow, S. 167). Die kubanische Regierung verwies ihre aus-

20 http://nsarchive.gwu.edu/NSAEBB/NSAEBB67/gleijeses8.pdf

ländischen Kontaktmänner, darunter den Zweiten Sekretär der Sowjetbotschaft sowie die Korrespondenten der »Prawda« und der sowjetischen Nachrichtenagentur »Nowosti« des Landes. Da Kuba und die Sowjetunion jedoch in einem strategischen Zweckbündnis aufeinander angewiesen waren, bemühten sich Politiker beider Seiten, den Konflikt nicht eskalieren zu lassen. Fidel Castro hatte sein Ziel jedoch erreicht und demonstriert, dass er die Souveränität seines Landes sowie die Unabhängigkeit der Kommunistischen Partei Kubas auch gegenüber dem Bündnispartner kompromisslos verteidigte.

Jahre später stellte der mittlerweile schwerkranke Breschnew in einem als »privat« bezeichneten Gespräch mit US-Außenminister Henry Kissinger die Kampfbereitschaft der sowjetischen Truppen auf Kuba in Frage. Fidel und die Militärführung in Havanna waren beunruhigt und bemühten sich um einen Gesprächstermin. Breschnew kam den Wunsch bis zu seinem Tod im November 1982 jedoch nicht nach. Erst sein Nachfolger Juri Andropow empfing Verteidigungsminister Raúl Castro im Dezember 1982. Angesichts erneuter Drohungen der Reagan-Administration bat Raúl Castro die sowjetische Führung darum, eine offizielle Erklärung abzugeben, dass die UdSSR eine US-Aggression gegen Kuba nicht tolerieren werde. Andropow habe ihm daraufhin offen ins Gesicht gesagt: »Im Falle einer nordamerikanischen Aggression werden wir diese in Kuba nicht zurückschlagen.« Bisher »hatte uns die Sowjetunion immer unterstützt«, erklärte Raúl Castro, doch »genau im Augenblick der größten Gefahr« habe der Vertreter des Kreml ihm offiziell erklärt, dass Kuba nun alleine sei. »Von diesem Moment an wussten wir, dass wir uns zur Verteidigung nur auf unsere eigenen Kräfte verlassen konnten«, sagte Raúl Castro später.[21] Über seine Unterredung mit Andropow sei über viele Jahre nichts an die Öffentlichkeit gedrungen, erklärte Raúl Castro. Er habe nur Fidel und

21 www.oem.com.mx/DIARIODELSUR/notas/n3423650.htm

den Chef des Generalstabes informiert. Fidel Castro gab dem Gespräch in Moskau den Codenamen »Caso Pandora«. Nach außen hin wurden die Beziehungen zwischen Havanna und Moskau fortgesetzt wie zuvor. Gelegentlich gab es sogar Gesten einer erneuten Annäherung, um den Gegner über die tatsächliche sowjetische Position im Unklaren zu lassen.

Als Konsequenz ordnete der Comandante en Jefe die Erarbeitung einer neuen, autonomen Sicherheits- und Verteidigungsdoktrin an. »Bei der Konzeption eines konventionellen Krieges mit direkter Konfrontation der Streitkräfte würde uns der Gegner zahlenmäßig und technologisch haushoch überlegen sein«, erklärte der damalige Chef des Generalstabes Generalmajor Ulises Rosales del Toro (Baez, Secretos, S. 572). Sinnvoll schien Fidel deshalb die Weiterentwicklung der aus Vietnam bekannten »Wespennest-Konzeption« zu sein, deren Strategie darin bestand, den Feind durch unentwegte »Nadelstiche« zu zermürben, statt sich auf Schlachten einzulassen (Leonow, S. 209). Auf dieser Basis wurde zu Beginn der achtziger Jahre die »Militärdoktrin des allgemeinen Volkskrieges«[22] als strategische Konzeption für die nationale Verteidigung Kubas entwickelt. Als fundamentale Ziele hatte Fidel Castro dem Generalstab vorgegeben, »den Krieg zu vermeiden, den Frieden zu bewahren, die Sicherheit des Volkes zu garantieren und gemeinsam mit der Bevölkerung zu verhindern, dass die Errungenschaften der Revolution zerstört werden können«, erläuterte Rosales del Toro (Baez, S. 573 f.).

Akteur auf der Weltbühne

Nach dem Sieg über die CIA-Söldner in der Schweinebucht und der Raketenkrise kannte fast jeder in der Welt den Namen Fidel Castros. Von Großaktionären und Politikern in den westlichen Industrienationen, Großgrundbesitzern, reichen Angehörigen

---

22 http://revolucioncubana.cip.cu/logros/defensa-de-todo-el-pueblo/guerra-de-todo-el-pueblo/

der Oberschicht und Diktatoren in den Ländern Afrikas, Asiens und Lateinamerikas gehasst und gefürchtet, wurde er zum Hoffnungsträger für die Völker des globalen Südens. Fidel Castro wurde zum Vorbild der Bürgerrechtsbewegung in den USA und zum Idol der rebellierenden Jugend an westeuropäischen Universitäten. Seit der Verteidigungsrede im Moncada-Prozess waren gerade einmal zehn Jahre verstrichen, in denen der junge Mann aus dem kleinen ostkubanischen Dorf Birán zu einem weltweit bekannten Politiker geworden war.

Fidel Castro unternahm nach dem Staatsbesuch in der Sowjetunion für mehrere Jahre keine größeren Auslandsreisen. Es sei natürlich und unvermeidlich, hatte Lenin über die erste Phase nach dem Sieg einer Revolution geschrieben, »dass uns in der ersten Zeit nach der proletarischen Revolution vor allem die Haupt- und Grundaufgabe beschäftigt – die Überwindung des Widerstandes der Bourgeoisie, der Sieg über die Ausbeuter, die Unterdrückung ihrer Verschwörung«. »Aber neben diese Aufgabe«, schrieb Lenin weiter, »tritt ebenso unvermeidlich … die wesentlichere Aufgabe … der Schaffung neuer ökonomischer Beziehungen, der Errichtung einer neuen Gesellschaft« (LW 29, S. 408). Castro hatte es obendrein mit einer Invasion und der militärischen Bedrohung durch das mächtigste Land der Welt zu tun gehabt, die um Haaresbreite einen Atomkrieg ausgelöst hatte. Dennoch widmete er sich vorrangig den »wesentlicheren« Aufgaben, zu denen die Weiterführung der Bodenreform, der landesweite Ausbau des Bildungs- und Gesundheitssystems sowie der Aufbau einer den ethischen Prinzipien der Revolution verpflichteten Polizei[23] und Armee gehörten. In diese »Aufbau-

23 Antonio Núñez Jiménez schreibt dazu: »Eine Sorge Fidels ist es, seit dem Antritt der revolutionären Macht zu verhindern, dass die neue, aus der Guerillaarmee erwachsene Autorität missbraucht wird. Aus dieser Sorge heraus gibt es mehr als zehn Jahre lang keinen Polizeiapparat und statt dessen einen Selbstschutz der Bevölkerung« (Unterwegs mit Fidel, S. 71).

phase« fielen am 3. Oktober 1965 auch die Vereinigung der verschiedenen revolutionären Organisationen zur Kommunistischen Partei Kubas (PCC) sowie der Aufbau zivilgesellschaftlicher Organisationen, der Gewerkschaften, der Frauen-, Jugend-, Schriftsteller- und Bauernverbände.

Mit zunehmender innenpolitischer Stabilisierung agierte Fidel Castro wieder verstärkt auf der internationalen Ebene. Nach Besuchen in Ecuador und Peru fand seine Reise nach Chile, wo seit einem Jahr der sozialistische Präsident und enge Freund Castros, Salvador Allende, regierte, weltweite Beachtung. Von Iquique im Norden bis Punta Arenas im Süden reiste Castro vom 10. November bis zum 4. Dezember 1971 im Triumphzug durch die 4.200 Kilometer lange Andenrepublik. Er hatte seinen ursprünglich für zehn Tage geplanten Besuch auf mehr als drei Wochen ausgedehnt. Bei der Abschlusskundgebung am 2. Dezember im Stadion von Santiago ermutigte er die Chilenen, »den Weg der Unabhängigkeit und Nationalisierung der Bodenschätze« fortzusetzen. Unter dem Jubel zigtausender Zuhörer geißelte Fidel Castro die Einmischung der Imperialisten in die Länder des Kontinents und rief in Richtung Washington: »Gehen Sie zum Teufel!«[24] Fidels Reisen waren keine gewöhnlichen Staatsbesuche mit steifem Protokoll, Händeschütteln und Galadiners. Der Revolutionsführer akzeptierte weder prunkvolle Empfänge, noch gab er floskelhafte Erklärungen für die Medien ab. Statt in Smoking oder Frack suchte er seine Gastgeber in der olivgrünen Felduniform des Guerilleros auf, die er bei nahezu jedem Anlass trug. Für ihn war das eine unterschwellige Art zu demonstrieren, dass die Kubanische Revolution seiner Auffassung nach nicht mit dem Sieg der Rebellenarmee beendet, sondern ein andauernder Prozess war. Nur selten sah man Fidel Castro deshalb – und dann aus protokollarischen Gründen – mit einem klassischen Anzug

24 www.cuba.cu/gobierno/discursos/1971/esp/f021271e.html

und Krawatte oder dem traditionellen Guayabera-Hemd[25] bekleidet.

Am 2. Mai 1972 brach Fidel zu seiner längsten Auslandsreise auf, die ihn in zehn afrikanische und europäische Länder, darunter auch nach Deutschland, führte. Beim achttägigen Besuch in der DDR im Juni 1972 schienen nicht nur die Empfänge durch Premierminister Willi Stoph und den Ersten Sekretär der SED, Erich Honecker, wie auch die Auszeichnung mit dem Orden des Großen Sterns der Völkerfreundschaft durch Walter Ulbricht für Castro von Bedeutung gewesen zu sein. Dieser hatte darauf bestanden, nicht nur offizielle Termine wahrzunehmen, sondern wollte auch etwas über die Arbeits- und Lebensbedingungen erfahren. Der Staatsgast aus Kuba zeigte großes Interesse an Europas größtem Sport- und Trainingszentrum, der Dynamo-Sporthalle in Berlin-Lichtenberg. In Halle, Dresden und Rostock besuchte Fidel Schulen, Ausbildungszentren, Forschungseinrichtung, Polikliniken, landwirtschaftliche und Industriebetriebe. Er sprach mit Arbeitern, Bauern, Soldaten, Schülern, Studenten und mit Kubanern, die sich zur Ausbildung, zum Studium oder als Arbeiter in der DDR aufhielten. Im Kombinat Leuna II überreichte ihm die Belegschaft als Gastgeschenk ein Gewehr, das 1921 bei den Arbeiteraufständen in der Industrieregion um Halle, Leuna, Merseburg und dem Mansfelder Land im Einsatz war. »Solange es noch ein imperialistisches Land gibt«, dankte Fidel, »werden wir die Waffen behalten müssen. Und sollten die Yankee-Imperialisten eines Tages in Kuba einmarschieren, wird auch dieses Gewehr zur Verteidigung des Sozialismus eingesetzt werden« (Báez, Fidel por el mundo, S. 165). Der Journalist Luis Báez, der Fidel auf der 66-tägigen Reise begleitet hatte, berichtet, dass dieser auf Fragen nach der Entwicklung in Kuba vor allem die internatio-

---

25 Ein besonderes Hemd, das zur kubanischen Nationaltracht geworden ist.

nalistische Erziehung betont habe, die das Volk seit 13 Jahren erfahre. Diese sei in der Solidarität mit den Völkern verankert, die in Indochina, dem Kongo, Algerien, Südafrika, in Nah- und Mittelost oder anderswo um ihre Befreiung kämpften. Als »beständiges Element« habe Fidel während der ganzen Reise die Unterstützung für Vietnam herausgestellt. Das war auch sein zentrales Thema einer Rede am 16. Juni auf dem historischen Theaterplatz in Dresden. »Millionen von Männern, Frauen und Kindern wurden in Vietnam als Opfer der imperialistischen Aggression ermordet«, sagte Castro. »Deshalb besteht eine der Aufgaben, die sich die studentische Jugend der sozialistischen Länder vornehmen muss, darin, dass wir, im Gegensatz zu den Imperialisten, Wissenschaft und Technik nicht zur Zerstörung anwenden, sondern dazu nutzen wollen, das Neue zu schaffen, das Leben zu verlängern, das Glück des Menschen zu fördern. Hier habt ihr als zukünftige Spezialisten die edelste aller Aufgaben, die es für den Menschen geben kann!«[26]

Castro verwandelte fast jede Auslandsreise für die Besuchten in ein unvergessliches Ereignis. Das Zusammentreffen mit dem Comandante en Jefe wurde für diejenigen, die ihm begegneten, zu einem Erlebnis, das sie im Gedächtnis behielten. Ein Beispiel dafür ist Fidels Besuch in Vietnam im September 1973, zu einem Zeitpunkt, als Washingtons B-52-Bomber in Nordvietnam Betriebe, Häfen, ganze Wohnviertel, Schulen und Krankenhäuser in Schutt und Asche gelegt hatten. Zwar hatten die USA im Pariser Friedensabkommen vom Januar 1973 den Abzug US-amerikanischer Truppen akzeptiert, dafür aber die »Vietnamisierung des Krieges« vorangetrieben. Saigons Marionettenarmee war um 600.000 auf 1,2 Millionen Mann erhöht worden. Jeder aus Südvietnam abgezogene US-Soldat wurde durch zwei Südvietname-

26 Das Onlineportal »amerika 21« hat eine deutsche Übersetzung des Kapitels über den DDR-Besuch Fidel Castros aus dem Buch von Luis Baez veröffentlicht: https://amerika21.de/analyse/165318/fidel-castro-ddr-besuch-1972

sen ersetzt (Feldbauer, S. 61 ff.). Während Washingtons Militärberater die Truppen des Saigoner Regimes trainierten und mit Tonnen von Napalm, dem hochgiftigen »Agent Orange«, Artillerie, Panzer, Flugzeugen und Bomben ausstatteten, antwortete die linke Befreiungsbewegung FNL mit einer Großoffensive im Süden. »Fidel Castro war das erste und einzige Staatsoberhaupt, das jemals die Provinzen *Quảng Trị* und *Quảng Bình*, die während des US-Krieges zu den wohl am meisten bombardierten und am stärksten kontaminierten Regionen des Landes gehörten, direkt an der Front aufgesucht hat«, schrieb die Tageszeitung *Viet Nam News* anerkennend.[27] Der kubanische Revolutionsführer hatte trotz der Gefahren und gegen den ausdrücklichen Rat der Gastgeber darauf bestanden. Dolmetscher Pham Tien Tu berichtete, dass Castro es als seine »revolutionäre Pflicht« bezeichnet hatte, die hart umkämpften Provinzen, die er als »Vorposten im Kampf gegen den Imperialismus« ansah, persönlich aufzusuchen. Als neben der Gruppe seiner Begleiter eine Bombe explodierte, habe Fidel den kubanischen Botschafter Valdes Vivo aufgefordert, die verwundeten Vietnamesen mit dem Auto ins nächste Krankenhaus zu fahren. Vom Widerstandswillen und Mut der dortigen Bevölkerung tief beeindruckt habe er zugesagt, in Dong Hoi, der Hauptstadt der Provinz Quảng Bình, mit kubanischer Hilfe ein allgemeines Krankenhaus zu errichten. Im Mai 1974 begannen hunderte kubanischer Arbeiter und Ingenieure mit den Arbeiten. »Kuba war sowohl der Pionier in der weltweiten Bewegung zur Unterstützung des vietnamesischen Kampfes für Unabhängigkeit als auch beim Wiederaufbau nach dem Krieg«, schrieb die Zeitung (ebd.). Fidel Castro erinnerte am 10. Dezember 1995, 22 Jahre nach dieser Reise, angesichts des Untergangs der Sowjetunion und der sozialistischen Länder Osteuropas in Ho-Chi-Minh-Stadt daran, dass die USA mehr als eine Billion

---

27 http://vietnamnews.vn/sunday/features/347260/fidel-castro-a-symbol-of-vn-cuba-friendship.html#PHMiVOIKo0xSWbr8.97

Dollar ausgegeben hatten, um die Einheit, Unabhängigkeit und Souveränität Vietnams zu verhindern. »Aber weil die gerechten Ideen unbesiegbar sind, gingen die Länder, die auf dem Sozialismus bestanden, nicht unter«, sagte er.[28]

Alle Reisen des kubanischen Staatschefs hätten eine Konstante, meint sein häufiger Begleiter Luis Báez. »Der Fidel in Conakry (Guinea) ist derselbe wie der in den USA, in Moskau, China, Vietnam, Hiroshima« und allen anderen Orten. Fidel trete immer und überall »ohne Widersprüchlichkeit« auf, »beständig und verlässlich wie das Volk, das er repräsentiert« (Báez, Fidel por el mundo, S. 6). Dadurch erwarb sich Castro nicht nur in befreundeten Ländern, sondern auch bei Vertretern von Staaten, die dem revolutionären Kuba skeptisch bis feindlich gegenüberstanden, Achtung und Respekt. Zu seinen Bewunderern gehörten bzw. gehören der schwedische Sozialdemokrat Olof Palme, die spanischen Sozialisten Felipe González und José Luis Rodríguez Zapatero und sogar der konservative Bourbonen-Monarch, König Juan Carlos I. »Ich hatte mit Fidel Castro einen anregenden Meinungsaustausch«, sagte auch Willy Brandt über ein fast zehnstündiges Gespräch im Oktober 1964: »Er ist zu einer politischen Figur geworden, der auch die groß angelegte Außenpolitik eines kleinen Landes führt. Das hat Gewicht, unabhängig davon, ob man damit einverstanden ist oder nicht«.[29] Der um zwei Jahre ältere frühere US-Präsident Jimmy Carter zollte Castro, trotz gegensätzlicher Ansichten, großen Respekt. Bei einem Kuba-Besuch äußerte der Ex-Präsident im Mai 2002 sogar Verständnis für Castros Position zum Thema Menschenrechte. Darunter verstehe die Politik in den USA etwas anderes als die Menschen in Äthiopien, Ghana, Mali oder Burkina Faso, wo Wohnung, Nahrung, Gesundheit und Bildung an erster Stelle stünden,

28 www.cuba.cu/gobierno/discursos/1995/esp/f101295e.html

29 www.fgbrdkuba.de/cl/cltxt/cl1985101-willy-brandt-in-kuba-interview.php

sagte Carter.[30] Großes Ansehen genoss Fidel Castro nach seinem Besuch im Vatikan vom 19. November 1996 sowohl beim polnischen Papst Johannes Paul II. als auch bei dessen Nachfolgern, dem Deutschen Benedikt XVI. und dem Argentinier Franziskus. Frankreichs Präsident François Mitterrand sagte im Jahr 2006, dass Castro von allen politischen Führern, die er kennen gelernt habe, zu denen gehöre, die ihn am meisten beeindruckt hätten. Auf die Frage »Warum Fidel Castro?«, antwortete Mitterrand: »Für seine Fähigkeit, die Zukunft vorauszusehen, und seinen Sinn für Geschichte« (Ramonet, S. 25).

Diese Fähigkeit ist vermutlich einer der vielfältigen Gründe für Castros weltweites Ansehen und auch für den Rückhalt im kubanischen Volk. Fidel hatte seit den Tagen in der Sierra Maestra ein untrügliches Gespür für den »geschichtlichen Augenblick«. Seine Gabe zur emotionslosen, exakten Analyse war die Voraussetzung für eine weit vorausschauende Politik und langfristige strategische Planung. Im Februar 1986 sagte Castro – nach einem ersten Treffen mit Michail Gorbatschow in Moskau – zu seinem Freund, dem Schriftsteller Gabriel García Márquez: »Glaub mir, Gabo, es wird eine Katastrophe geben« (Coltman, S. 371). Als viele Menschen noch fasziniert an den »jungen Erneuerer« glaubten, bezeichnete Castro dessen Politik am 26. Juli 1988 – in seiner Rede zum Nationalfeiertag – öffentlich als »gefährlich und den Prinzipien des Sozialismus entgegengesetzt«.[31] Etwas später warnte Fidel auf dem Platz der Revolution in Havanna vor der Möglichkeit des Untergangs der Sowjetunion und des Sozialismus in Europa. Er hatte es erwartet und auch die kubanische Bevölkerung darauf vorbereitet, als die UdSSR sich am 26. Dezember 1991, mehr als drei Jahre nach seiner ersten öffentlich ausgesprochenen Warnung, auflöste.

---

30 www.missedinhistory.com/podcasts/interview-with-president-jimmy-carter-cuba.htm

31 www.cuba.cu/gobierno/discursos/1988/esp/f260788e.html

Ausdrücklich begrüßt hatte Fidel die durch seinen Bruder Raúl und Barack Obama im Dezember 2014 eingeleitete Phase der Annäherung zwischen den USA und Kuba. Er selbst hatte die Wiederaufnahme der von Washington einseitig beendeten diplomatischen Beziehungen immer gefordert. Nach Obamas Rede im Großen Theater von Havanna meldete er sich am 27. März 2016 jedoch mit einem Kommentar zu Wort, in dem er dessen Aussagen in scharfer Form zurückwies. In einem Beitrag mit dem Titel »Der Bruder Obama« erinnerte Fidel an die Opfer der US-Aggressionen und schrieb: »Obama hielt eine Rede, in der er die honigsüßesten Worte benutzte, um auszudrücken: ›Es ist an der Zeit, die Vergangenheit zu vergessen, lassen wir die Vergangenheit hinter uns, blicken wir in die Zukunft‹.« – »Bei diesen Worten des Präsidenten der Vereinigten Staaten«, bemerkte Castro, »lief jeder von uns Gefahr, einen Herzinfarkt zu bekommen.« Er erinnerte an die »erbarmungslosen Blockade, die schon fast sechzig Jahre andauere. »Und diejenigen, die bei den Söldnerangriffen auf kubanische Schiffe und Häfen starben?«, fragte Fidel. »Ein mitten im Flug gesprengtes Linienflugzeug voller Passagiere, Söldner-Invasionen, Gewalttaten?« Castro empfahl Obama, »zu reflektieren und nicht zu versuchen, Theorien über die kubanische Politik zu entwickeln«. Sein Fazit: »Wir haben keine Geschenke des Imperiums nötig.«[32] Bereits im Januar 2015 hatte Fidel in einem Brief an den kubanischen Studentenverband FEU vor Illusionen gewarnt. »Ich traue der Politik der Vereinigten Staaten nicht«, schrieb er an die jungen Leute.[33] Der wenige Wochen nach seinem Tod von Obamas Nachfolger Donald Trump eingeleitete erneute Kurswechsel der USA und die Rückkehr Washingtons zur Rhetorik des Kalten Krieges gaben Fidel Castro ein weiteres Mal Recht.

---

32 http://de.granma.cu/cuba/2016-03-28/der-bruder-obama

33 http://de.granma.cu/artikel-und-reflexionen-von-fidel/2015-01-27/an-meine-companeros-der-studentenvereinigung

3. Globaler Architekt

Der Kampf für die Unabhängigkeit und Souveränität Kubas, die sozialen Errungenschaften der Revolution und deren Verteidigung gegen innere wie äußere Gegner haben Fidel Castro Respekt bei vielen Politikern sowie den Vertretern sozialer Bewegungen im globalen Süden und die Bewunderung von Linken in aller Welt verschafft. Zu einer der wenigen Persönlichkeiten, die im Sinne Hegels als »welthistorische Individuen« bezeichnet werden können, wurde er jedoch durch sein Engagement auf der globalen Ebene. Der marxistische Philosoph Hans Heinz Holz bezeichnete Castro als eine »Leitfigur«, die an den »Knotenpunkten der Geschichte« gewirkt und »der Geschichte der ganzen Welt ein neues Zeichen gesetzt« habe. In einem Aufsatz zum 80. Geburtstag des Revolutionsführers würdigte Holz ihn mit einem Hegel-Zitat. »Dies sind die großen Menschen in der Geschichte, deren eigene partikuläre Zwecke das Substantielle enthalten, welches Wille des Weltgeistes ist. … Solche Individuen waren praktische und politische Menschen. Aber zugleich waren sie denkende, die die Einsicht hatten von dem, was not und was an der Zeit ist.« Holz ergänzte: »Sie sind es, die in ihrem persönlichen Tun das allgemeine Interesse der Menschheit, den Fortschritt verwirklichen.«[34] Mehr als jedes andere Land der Welt steht Kuba seit dem Sieg der Revolution für Internationalismus und für eine globale Solidarität, die in der Geschichte der Nationen einmalig ist. Fidel Castro war Zeit seines Lebens der Ideengeber und Förderer einer weltumspannenden Solidarität,

34 Hans Heinz Holz: Der Sieg der Unbeugsamkeit, junge Welt v. 12.8.2008, S. 10f.

die er auch in Zeiten schwerster Krisen unermüdlich einforderte. Er war fest davon überzeugt, dass »die Würde des Menschen wächst, wenn er etwas für die anderen tut«.[35]

Schon als Student hatte Castro den internationalistischen Ansatz in den ethischen Prinzipien José Martís entdeckt. »Welche Freude wird es sein«, hatte Martí in einem Artikel mit dem Titel »Die Armen der Erde« geschrieben, »nachdem das Vaterland mit dem Feuer der glühenden Brust und dank der Überwindung der inneren Schwäche erobert wurde, … Hand in Hand einzutreten in das arme Haus und in die Schule, die Kunst und die Hoffnung in die wildesten und verlassensten Winkel zu tragen, … frei von den Ungerechtigkeiten der Welt, in einem Volk mit erhabener Seele!« (Mit Feder und Machete, S. 346). Dem kubanischen Schriftsteller Roberto Fernández Retamar zufolge kann Martí als erster Fürsprecher und Vertreter dessen, was man heute als »Dritte Welt« bezeichnet, betrachtet werden (Fornet-Betancourt, S. 37 f.). In seiner Verteidigungsrede im Moncada-Prozess antwortete Castro denen, die ihn einen Träumer nannten, mit den Worten Martís: »Nur das ist der Mensch, dessen Traum von heute das Gesetz von morgen sein wird« (Die Geschichte wird mich freisprechen, S. 51). Angesichts der gründlichen Vorbereitung dieses Plädoyers könnte man dieses Martí-Zitat als einen Vorgriff auf Castros spätere globale Ausweitung der Revolution verstehen. Wie Martí verstand und bejahte Fidel das Träumen als Quelle der Kraft und Inspiration und auch als ethisch-moralische Leitlinie. Zugleich waren beide aber auch scharfsinnige Realisten und Analytiker. »Für Wahrheiten arbeiten wir, nicht für Träume«, schrieb Martí (Mit Feder und Machete, S. 321). Und an anderer Stelle: »Diese Welt ist schrecklich; lasst uns eine andere Welt schaffen!«[36]

35 Rede am 26. Juli 2006 auf der »Plaza de la Patria« in Bayamo: http://fidelcastroarchiv.blogspot.de/2006/07/

36 Zitiert nach Fornet-Betancourt, S. 32

Die von Fidel Castro entwickelten Grundsätze des Internationalismus, die dieser mit Che Guevara, seinem Bruder Raúl und anderen teilte, speisten sich aus verschiedenen Quellen. Neben José Martí sind hier Marx, Engels und Lenin zu nennen. Friedrich Engels formulierte im Jahr 1892, die arbeitenden und ausgebeuteten Menschen in allen Ländern hätten »ein und dasselbe Interesse, einen und denselben Feind und denselben Kampf vor sich«. Sie seien »der großen Masse nach schon von Natur ohne Nationalvorurteile, und ihre ganze Bildung und Bewegung ist wesentlich humanitarisch« (MEW 2, S. 614). Schon in den Statuten der 1864 gegründeten I. Internationale wurde in diesem Sinne festgestellt: »Die Emanzipation der Arbeiterklasse (ist) weder eine lokale noch eine nationale, sondern eine soziale Aufgabe, welche alle Länder umfasst« (MEW 16, S. 14). Marx schrieb in der Einleitung zur Kritik der Hegelschen Rechtsphilosophie von »einer Sphäre, welche einen universellen Charakter durch ihre universellen Leiden besitzt« (MEW 1, S. 390) und folgerte: »Die Emanzipation des Deutschen ist die Emanzipation des Menschen« (ebd., S. 391). In dieser Logik, so folgerte Fidel, kann also die vollständige Emanzipation der Kubaner auch nur als Teil der Emanzipation aller Menschen erfolgen. Das gemeinsame Ziel verlangt den gemeinsamen Kampf, die gegenseitige Unterstützung, die gegenseitige Solidarität, den Internationalismus.

Fidel kannte die Geschichte der UdSSR und wusste, dass die Rote Armee in dem Bürgerkrieg nach der Oktoberrevolution die Konterrevolution und Intervention nicht zuletzt deshalb hatte abwehren können, weil Menschen in der ganzen Welt Solidarität mit dem Sowjetstaat geübt hatten. In vielen kapitalistischen Ländern waren Streiks organisiert, der Transport von Waffen für die Konterrevolution behindert und Aktionskomitees unter der Losung »Hände weg von Sowjetrussland!« gebildet worden. Lenin würdigte die weltweite Solidaritätsbewegung 1920 auf dem Gründungskongress der Bergarbeitergewerkschaft: »Die

Hauptursache unseres Sieges lag darin, dass die Arbeiter der fortgeschrittenen westeuropäischen Länder so viel Verständnis und Sympathie für die internationale Arbeiterklasse empfanden, dass sie trotz der Lügen der bürgerlichen Presse, die die Bolschewiki in den Millionenauflagen ihrer Druckerzeugnisse mit den widerlichsten Verleumdungen überschüttete, dennoch auf unserer Seite standen. Und dieser Umstand hat den Krieg, den wir führten, entschieden« (LW 30, S. 489). Aus den Lehren der Geschichte, der Erfolge und Niederlagen der progressiven Kräfte in revolutionären Auseinandersetzungen bestimmten Marx, Engels und Lenin den Internationalismus als Notwendigkeit und gingen damit über das moralisch formulierte Gebot von José Martí hinaus. Fidel Castro hat es verstanden, diese verschiedenen Ansätze zu einem Konzept der Internationalen Solidarität zu verbinden, für das Kuba heute wie kein anderes Land der Welt steht. »Internationalisten zu sein, heißt, unsere Schuld gegenüber der Menschheit zu bezahlen«, sagte er am 26. Juli 1978 in einer Rede zum Jahrestag des Moncada-Angriffs in Santiago de Cuba. Und er bekannte: »Ohne Internationalismus würde es die Kubanische Revolution vielleicht gar nicht geben.«[37]

Dies galt umso mehr, als die Ziele des Sozialismus nach dem Untergang der UdSSR und der mit ihr verbündeten Länder des Ostblocks weltweit diskreditiert waren. Auch die Strahlkraft der Kubanischen Revolution verblasste. Das kubanische Gesellschaftsmodell war in Gefahr. Dessen Gegner versuchten, Fidel in den Augen der Welt als »Dinosaurier« zu stigmatisieren und Kuba zu isolieren. Doch Fidel gelang es abermals, die Vorzeichen umzukehren. Indem er sich und Kuba – trotz der Schwierigkeiten in der Sonderperiode – zu Protagonisten für eine nachhaltige Entwicklung und die Integration der Länder Lateinamerikas und der Karibik machte, gewann er im eigenen Land, auf dem Kontinent und weltweit sogar neues Ansehen.

37 www.cuba.cu/gobierno/discursos/1978/esp/f260778e.html

Castro war zeitlebens ein Meister darin, Niederlagen in Siege zu verwandeln. Während die linken Bewegungen weltweit desorientiert und in Auflösung begriffen waren, erreichte er, dass die Kubanische Revolution nicht als gescheitertes, sondern wieder als ein alternatives Modell wahrgenommen wurde.

Kubas Internationalismus

»Welches andere Land hat größeren Altruismus gezeigt als Kuba in seinen Beziehungen zu Afrika?«, fragte der südafrikanische Freiheitskämpfer und erste schwarze Präsident seines Landes Nelson Mandela. »Wir in Afrika sind gewohnt, Opfer jener Länder zu sein, die unser Territorium aufteilen oder unsere Souveränität aufheben wollen. Es ist beispiellos in der afrikanischen Geschichte, dass ein anderes Volk unsere Verteidigung übernommen hat«, sagte der Friedensnobelpreisträger.[38] Bereits 1963 hatte Fidel Castro einem Hilferuf des algerischen Präsidenten Ahmed Ben Bella entsprochen und ein Bataillon von zweiundzwanzig Panzern und mehrere Hundert Soldaten nach Afrika geschickt, um Algerien bei der Abwehr einer von den USA unterstützten marokkanischen Offensive zu helfen[39]. Die von Fidel, Raúl und Che Guevara koordinierte Operation war der erste massive kubanische Militäreinsatz auf dem afrikanischen Kontinent. Fidel Castro verstand diese Unterstützung von Befreiungsbewegungen als eine internationalistische Pflicht der kubanischen Revolutionäre – auch wenn seine Sichtweise von Moskau teilweise nicht geteilt wurde. So reagierte der Kreml verärgert auf eine Rede, die Che Guevara am 24. Februar 1965 auf einer internationalen Konferenz verschiedener afrikanischer und asiatischer Staaten in Algier gehalten hatte. Guevara hatte der UdSSR dort vorgeworfen, sich in manchen Fragen wie ein kapitalistisches Land zu

38 Zitiert nach Demuynck/Vandepitte, S. 178

39 Die an Bodenschätzen reiche Demokratische Volksrepublik Algerien ist seit dem 5. Juli 1962 (nach einem achtjährigen Befreiungskrieg gegen Frankreich) unabhängig.

verhalten und die revolutionären Befreiungsbewegungen der so genannten Dritten Welt nicht ausreichend zu unterstützen.

»Fidel war gar nicht so ganz anderer Meinung als Ernesto, aber Fidel stand unter Druck. Der Staatschef war immer noch er«, berichtet Ches Bruder Juan Martín (Mein Bruder Che, S. 178). Das angebliche »Zerwürfnis« zwischen den beiden Revolutionären sei jedoch eine »alte Fabel«, die bis heute immer wieder aufgewärmt wird und an der »absolut nichts« dran sei, versichert auch Ches Tochter Aleida Guevara.[40] Nach der Rückkehr habe Che Fidel in einer längeren Unterredung mitgeteilt, dass er die Revolution andernorts fortsetzen wolle, schreibt Juan Martín Guevara. »Du kannst anderswo keine Revolution machen, weil du als Kopf der hiesigen weitermachen musst. Ich aber kann das«, habe sein Bruder zu Fidel gesagt (ebd., S. 179). Aleida berichtet, dass Fidel Che Guevara eine Bitte um Hilfe von einer kongolesischen Befreiungsbewegung vorgelegt habe. »Bekanntlich ist daraus die Entsendung einer von meinem Vater geleiteten Truppe kubanischer Freiwilliger in den Kongo geworden.« Zahlreiche Dokumente belegten, dass Che »in diesen Monaten permanente Rücksprache mit Fidel gehalten hat, der die Truppe mit allen zur Verfügung stehenden Mitteln« unterstützte. Die beiden Comandantes hatten sich bereits Jahre zuvor auf die nun anstehende Trennung verständigt. »Als sich Fidel und mein Vater in Mexiko kennen lernten, schloss mein Vater sich der Expedition nach Kuba unter der Bedingung an, dass er nach einem Sieg der Revolution seinen eigenen Weg gehen dürfe«, berichtet Aleida Guevara.

Auf der konstituierenden Sitzung des Ersten Zentralkomitees der Kommunistischen Partei Kubas am 4. Oktober 1965 verlas Fidel Castro einen Abschiedsbrief Che Guevaras[41], in dem

---

40 Alle Zitate von Aleida Guevara aus: »Ich bin mit außergewöhnlichen Menschen aufgewachsen«, Gespräch mit Aleida Guevara, junge Welt, Wochenendbeilage vom 1. Oktober 2016

41 Video dieses Teils der Rede unter: www.youtube.com/watch?v=1YjWUAGigNY

dieser schrieb: »Ich fühle, dass ich meinen Teil der Pflicht erfüllt habe, die mich an die Kubanische Revolution auf ihrem Gebiet band. … Andere Gebiete der Welt benötigen den Beitrag meiner bescheidenen Bemühungen.« Che Guevaras Versuch, im Kongo eine Guerillabewegung gegen den von westlichen Geheimdiensten gestützten Diktator Moïse Tchombé aufzubauen, schlug zwar fehl, doch gilt seine Mission als Beispiel für das, was er, Fidel und die anderen Vertreter des neuen Kuba unter Internationalismus verstanden. »Es geht nicht nur darum, sich entschlossen gegen den Yankee-Imperialismus zu verteidigen«, schrieb Che, »es ist nötig, ihn an seinen Stützpunkten anzugreifen, auf den Kolonial- und Neokolonialterritorien, die ihm als Basis für seine Weltherrschaft dienen« (Der afrikanische Traum, S. 10). Nachdem Castro den Abschiedsbrief Che Guevaras öffentlich verlesen hatte, war dieser auf Bitte Fidels noch einmal im Geheimen nach Kuba zurückgekommen. In ihren Gesprächen ging es um Ches Idee einer revolutionären Mission in Bolivien, die Fidel – trotz eigener Skepsis über die Erfolgsaussichten – nach Kräften unterstützte. Das Bolivianische Tagebuch ihres Vaters belege, so Aleida Guevara, dass »mein Vater in Bolivien bis zuletzt mit ›Manila‹, das war ja das Codewort für Kuba, in Kontakt« stand. Auch nach der Ermordung Che Guevaras, der am 9. Oktober 1967 als Guerillero in Bolivien auf Veranlassung der CIA erschossen wurde, setzte Havanna sein internationales Engagement unvermindert fort.

Tatsächlich engagierte sich die kubanische Regierung nach Guevaras Tod sogar verstärkt in Afrika. Als das südafrikanische Apartheidregime mit militärischer Gewalt versuchte, die Unabhängigkeit Angolas[42] zu verhindern, griff Kuba im Herbst 1975 ein. Auf Ersuchen von Agostinho Neto, dem Führer der mar-

42 Nach der »Nelkenrevolution« von 1974 hatte die neue portugiesische Regierung ihre früheren Kolonien, darunter auch Angola, in die Unabhängigkeit entlassen. In Angola wird der 11. November 1975 als Tag der Unabhängigkeit begangen.

xistischen Volksbewegung zur Befreiung Angolas (Movimento Popular de Libertação de Angola, MPLA) und späteren Präsidenten des Landes, schickte Fidel Castro tausende freiwilliger Soldaten. Mit seinem Gespür für Symbolik benannte Fidel die »Operation Carlotta« nach einer in Kuba als Identifikationsfigur im Kampf gegen den Rassismus verehrten Sklavin, die 1843 einen Aufstand gegen die Plantagenbesitzer angeführt hatte. Den Beginn der kubanischen Mission in Angola legte Fidel auf den 5. November 1975 fest, den Jahrestag des von Carlotta angeführten Sklavenaufstandes. Anfang 1976 zogen die Aggressoren sich zurück. Brian Latell, der ehemalige Kuba-Referent der CIA, bezeichnete die Niederlage des Rassistenregimes treffend als »Schweinebucht für die südafrikanische Diktatur« (Latell, S. 194). Washington rüstete nun rivalisierende Gruppen gegen die MPLA mit modernsten Waffen aus und heizte einen Bürgerkrieg an, der rund fünfundzwanzig Jahre dauerte. Statt die kubanischen Truppen wie ursprünglich geplant nach und nach zurückziehen zu können, musste Havanna immer mehr – übrigens freiwillig gemeldete – Soldaten schicken. Fritz Streletz, damals Stellvertretender Oberkommandierender der Streitkräfte des Warschauer Vertrages, bestätigt, dass Havanna die Last dieser internationalen militärischen Hilfseinsätze nahezu allein trug. »Zwischen 1975 und 1991 kämpften Hunderttausende Angehörige der Revolutionären Streitkräfte Kubas in Afrika … Zehntausende kubanischer Internationalisten sind von diesen Einsätzen nicht zurückgekehrt. Diese Opfer hat nur das kubanische Volk gebracht. … Als 1991 die letzten kubanischen Truppen aus Angola zurückkehrten, waren die sozialistischen Länder Osteuropas bereits untergegangen und die Sowjetunion stand kurz vor dem Ende. Neben den daraus entstandenen existenziellen Problemen für Kuba trug das Land auch die hohen Kosten für den Rücktransport völlig allein.« (Aufbruch oder Abbruch, S. 70 f.). Als die Kubaner das Land verließen, nahmen sie aus Afrika nichts weiter mit als ihre Toten und Verwundeten.

Ärzte, Pädagogen, Techniker und zivile Fachkräfte aus Kuba halfen nicht nur in Angola, sondern auch in anderen jungen afrikanischen Nationalstaaten, die sich von Kolonialismus und Apartheid befreien wollten. In Algerien, Angola, Äthiopien, Mosambik, Namibia, Südafrika und vielen anderen Ländern des Kontinents wird Fidel Castro bis heute als uneigennütziger Freund und verlässlicher Bündnispartner im Kampf gegen koloniale und rassistische Regime hoch geschätzt. Viele Afrikaner haben das Gefühl, sagte Nelson Mandela, »eine große Schuld gegenüber dem kubanischen Volk zu haben«. Fidel Castro hatte bereits in der Sierra Maestra gegenüber seiner Kampfgefährtin Celia Sánchez geäußert, dass nach dem Sieg der Revolution der »größere und wichtigere Krieg gegen den US-Imperialismus« beginnen werde. Das Schlachtfeld würden die armen Länder in Asien, Afrika und Lateinamerika sein (Coltman, S. 344). Als Gastgeber der Ersten Trikontinentalen Konferenz in Havanna, auf der im Januar 1966 die Solidaritätsorganisation der Völker Afrikas, Asiens und Lateinamerikas (OSPAAAL) ins Leben gerufen wurde, bezeichnete Fidel dies als »historisches Ereignis«. Er war damit seinem Ziel näher gekommen, die zwei zeitgenössischen Strömungen der Weltrevolution zu vereinen, nämlich die sozialistische Oktoberrevolution und den nationalen Befreiungskampf in den Ländern der Dritten Welt. »Dies war ein großer Sieg der revolutionären Bewegung. Noch nie zuvor gab es ein Treffen solcher Breite und solcher Größe, bei dem die revolutionären Vertretungen von 82 Völkern zusammenkamen, um Probleme von gemeinsamem Interesse zu diskutieren«, sagte Castro auf der Abschlussveranstaltung.[43]

Im September 1973 reiste Fidel Castro nach Algier, um an der IV. Gipfelkonferenz der Nichtpaktgebundenen Staaten teilzunehmen. Er wies die Kritik einiger Mitgliedsländer an der Sowjetunion mit dem Argument zurück: »Wenn neben dem

43 www.cuba.cu/gobierno/discursos/1966/esp/f150166e.html

beängstigend wachsenden Bedarf an Energie und Rohstoffen in den entwickelten kapitalistischen Ländern zur Aufrechterhaltung ihrer absurden Konsumbedürfnisse nicht die außergewöhnliche Schutzkraft des sozialistischen Lagers vorhanden wäre, würde der Imperialismus die Welt zerstückeln, neue Kriege würden die Menschheit heimsuchen« (Ausgewählte Reden, S. 74). Aus heutiger Sicht geradezu prophetisch war die Warnung vor der von »führenden Kreisen der Vereinigten Staaten« befürworteten »militärischen Intervention im Nahen Osten, wenn der Brennstoffbedarf das erfordern sollte« (ebd.). Von Algier reiste Fidel nach Bagdad weiter. Dank seiner klaren Positionen nahm Castros Popularität nun auch in den arabischen Ländern ständig zu. In Afrika sahen die um ihre Unabhängigkeit kämpfenden Befreiungsbewegungen in ihm bereits ein Vorbild. Auf der VI. Gipfelkonferenz, die 1979 in Havanna ausgerichtet wurde, übernahm Kuba die Präsidentschaft der blockfreien Bewegung für die Jahre 1979 bis 1982. »Es war eine glanzvolle Auszeichnung für Castros langen Kampf, seine Insel in eine Führerin der Dritten Welt zu verwandeln«, kommentiert Biograf Leycester Coltman (S. 355). Fidel sah in der Anerkennung auch eine Möglichkeit, die Regierungen der Mitgliedsländer für die aus seiner Sicht existenzbedrohenden Gefahren der Menschheit zu sensibilisieren. Der Revolutionär und Staatsmann hatte sich zu einem »globalen Architekten« entwickelt, wie der nicaraguanische Politiker und Schriftsteller Tomás Borge feststellte (Borge, S. 60). Zur VII. Gipfelkonferenz in Neu-Delhi 1983 legte der scheidende Vorsitzende Fidel Castro den Staats- und Regierungschefs einen umfangreichen »Bericht über die Auswirkungen der ökonomischen und sozialen Krise in der Welt auf die unterentwickelten Länder« vor. Das Dokument enthielt beunruhigende Voraussagen zur zukünftigen Entwicklung im Bereich der Ernährung, der Wasser- und der Energieversorgung und prognostizierte zunehmende Armut, soziale Ungleichheit sowie wachsende Gefahren durch die Hochrüstung. »Zum ersten Mal dringt die Frage in das Bewusstsein der Menschen ein, ob wir überleben werden oder nicht«, warnte Fidel Castro bei der Präsentation. Sein Fazit: »Uns bleibt keine andere Wahl, als zu kämpfen und dabei auf die gewaltige moralische und geistige Fähigkeit der Menschheit und auf ihren eigenen Erhaltungstrieb zu vertrauen, wenn wir die Hoffnung auf das Überleben hegen wollen« (Castro, Die ökonomische und soziale Krise in der Welt, S. 7).

Als Castro im Oktober 1979 zum ersten Mal nach Jahren wieder an einer Sitzung der UN-Vollversammlung teilnahm, stellte er zunächst klar, dass er nicht nur für Kuba spreche, sondern auch für die Bewegung der Nichtpaktgebundenen Staaten. »Unsere Bewegung vereint 95 Länder aller Kontinente, die die übergroße Mehrheit der Menschheit repräsentieren«, sagte er. »Uns vereint das Bestreben, das bestehende System der internationalen Beziehungen, das auf Ungerechtigkeit, Ungleichheit und Unterdrückung basiert, zu verändern. Wir wirken in der internationalen Politik als eine beständige Kraft.«[44] Im Stil seiner berühmten Moncada-Rede, in der er die Lage der kubanischen Bevölkerungsmehrheit unter der Batista-Diktatur und deren Vorgänger-Regierungen angeklagt hatte, zeigte Fidel jetzt die globalen Widersprüche auf. »Es wird oft über Menschenrechte gesprochen, aber man muss auch von den Rechten der Menschheit sprechen. Warum müssen einige Menschen barfuß gehen, damit andere in Luxusautos fahren können? Warum müssen einige bettelarm sein, damit andere steinreich sind? Ich spreche im Namen der Kinder der Welt, die kein Stück Brot haben. Ich spreche im Namen der Kranken, die keine Medikamente haben. Ich spreche im Namen derer, denen das Recht auf Leben und Menschenwürde versagt ist.«[45]

---

44 Castro, Fidel: Rede auf der XXXIV. Vollversammlung der Vereinten Nationen, S. 3 f.

45 ebd., S. 75

»Welches Schicksal erwartet die Letzteren?«, setzte er seine Rede fort. »Hungers zu sterben? Ewig arm zu bleiben? Welchen Zweck hätte dann die Zivilisation? Welchen Zweck hätte das menschliche Gewissen? Wozu gibt es die Vereinten Nationen? … Wir können nicht vom Frieden sprechen, wenn jedes Jahr zehn Millionen Menschen an Hunger oder heilbaren Krankheiten sterben. Im Namen von 900 Millionen Analphabeten kann man nicht von Frieden sprechen. … Genug der Worte! Lasst uns Taten vollbringen! Wir brauchen konkrete Aktionen! … Wir sind gekommen, um über den Frieden und die Zusammenarbeit zwischen den Völkern zu sprechen, und wir sind gekommen, um davor zu warnen, dass die Zukunft apokalyptisch sein wird, wenn die gegenwärtigen Ungerechtigkeiten und Ungleichheiten nicht auf friedlichem Weg beseitigt werden. Das Waffengeklirr, die lauten Drohungen und der Kampf um die Vorherrschaft auf internationaler Ebene müssen aufhören. Schluss mit der Illusion, die Probleme der Welt könnten mit Kernwaffen gelöst werden. Bomben können die Hungernden, die Kranken und die Unwissenden töten, doch den Hunger, die Krankheit und die Unwissenheit können sie nicht beseitigen. Und noch weniger können sie die gerechte Auflehnung der Völker unterdrücken. … Ächten wir die Waffen und befassen wir uns mit den dringendsten Problemen unseres Zeitalters auf friedliche Weise. Das ist die Aufgabe und die heilige Pflicht aller Staatsmänner der Welt. Und das ist auch die unerlässliche Voraussetzung für das Überleben der Menschheit.«[46] Castros Rede wurde immer wieder von Beifall und zustimmenden Zwischenrufen unterbrochen. Seine Appelle und sein Aufruf an die armen Länder, »zu teilen, was sie haben«, gewannen dadurch an Gewicht, dass Kuba als armes und zudem wirtschaftlich blockiertes Land dies mit internationalen Missionen selbst umsetzte. Fidel Castro war auch auf

46 ebd., S. 76 ff.

der Weltbühne glaubwürdig, weil bei ihm Wort und Tat zusammenfielen.

Humanitäre Missionen

»Wir haben uns niemals die Herstellung von Atomwaffen vorgenommen, denn wir brauchen sie nicht. Wir besitzen eine andere Art Atomwaffen, die unbesiegbare Kraft der moralischen Waffen. Deshalb sind wir nie auf die Idee gekommen, Atomwaffen herzustellen, wie wir auch nie auf die Idee gekommen sind, nach biologischen Waffen zu suchen. Wozu? Waffen, um den Tod zu bekämpfen, um AIDS zu bekämpfen, um Krankheiten zu bekämpfen, um Krebs zu bekämpfen, dem widmen wir unsere Ressourcen.« – Mit diesen Sätzen umriss Fidel Castro am 17. November 2005 in der Universität Havanna die Grundidee für Kubas humanitäre Missionen in aller Welt. Sicherlich verfolgt das Land damit nicht nur karitative Absichten. Das weltweite humanitäre Engagement Kubas ist Teil einer strategischen Orientierung in der globalen Auseinandersetzung zwischen unterschiedlichen Gesellschaftsmodellen. Im Gegensatz zur neoliberalen Konzeption geht Castro davon aus, dass Aufwendungen für die Gewährleistung der Grundbedürfnisse der Menschen, insbesondere in den Bereichen Bildung und Gesundheit, nicht Verschwendung, sondern gesellschaftliche Schlüsselaufgaben des Staates sind. Nicht auf das Geldkapital, sondern auf die Humanressourcen komme es an, hielt er den Theoretikern des Neoliberalismus entgegen und warf ihnen in einer Rede am 1. Mai 2004 vor, »dass alljährlich auf der Erde ein Völkermord begangen wird; dass auf der Erde jährlich mehr Kinder und Erwachsene, die gerettet werden könnten, sterben als im Ersten Weltkrieg und fast so viele wie im Zweiten Weltkrieg. Sie könnten gerettet werden, doch auf Grund des Fehlens von ärztlichen Ressourcen überleben sie nicht«. Nach Castros Überzeugung eine logische Folge des kapitalistischen Gesellschaftssystems, »denn die Gestaltung jener Gesellschaften hat nicht die Gerechtigkeit, die Solidarität zum Ziel; erzogen im Egoismus sind sie unfähig, für andere Menschen Opfer zu bringen«.[47]

Die Antwort darauf darf sich nach Castro nicht in Deklarationen erschöpfen, sondern erfordert eine klare, auf Zusammenarbeit und Interessengemeinschaft ausgerichtete Internationale Politik: »Schon jetzt ist klares Verständnis darüber vorhanden«, führte Castro bei einem Gipfeltreffen der Karibikstaaten am 8. Dezember 2005 in Barbados aus, »dass die neoliberale Globalisierung das Bestehen unserer Länder als unabhängige Nationen bedroht. Die Kluft zwischen dem immer reicheren Norden und dem immer ärmeren Süden wächst schwindelerregend und ist eine ständige Bedrohung für die internationale Stabilität. Es wachsen die Androhung und die Anwendung von Gewalt; die einseitigen Zwangsmaßnahmen gegen die Regierungen und Völker der ›Dritten Welt‹ werden zu einer Konstanten, und die heiligen Prinzipien des Völkerrechts stehen nur auf dem Papier. Der neoliberalen, egoistischen Globalisierung, der antidemokratischen internationalen politischen Wirtschaftsordnung müssen wir mit der Einheit und Globalisierung der Solidarität, mit der Förderung des Dialogs, der Integration und der unverfälschten Kooperation antworten.«[48]

Die drei Eckpfeiler beim Aufbau des neuen kubanischen Staates – soziale Sicherheit, Volksbildung und Gesundheitsversorgung für alle – wurden für Fidel Castro auch zur Basis des internationalen Engagements. Im Sinne dieser Ziele hatten er und seine Anhänger bereits die kubanische Gesellschaft verändert. Später änderte Kubas Beispiel seinerseits die weltpolitische Konstellation. Dass ein kleines und armes Land wie Kuba über ein halbes Jahrhundert erfolgreich Widerstand gegen alle neoliberalen Offensiven leisten konnte, hat seine Wirkung nicht ver-

---

47 http://fidelcastroarchiv.blogspot.de/2004/05/fidel-castro-ruz-auf-der-kundgebung-zum.html

48 http://fidelcastroarchiv.blogspot.de/2005/12/rede-des-prsidenten-der-republik-kuba.html

fehlt. Viele Menschen im globalen Süden erkannten ihre Möglichkeiten. Kuba wurde zu ihrer Avantgarde, die einen Ausweg aus der Abwärtsspirale aus Abhängigkeit, Armut, Hunger und Elend und die Richtung in eine andere Zukunft wies. »Auch die Theorie wird zur materiellen Gewalt, sobald sie die Massen ergreift«, hatte Marx geschrieben (MEW 1, S. 385). Fidel Castro brachte diesen Gedanken in seine eigenen Worte, als er von »der unbesiegbaren Kraft der moralischen Waffen« sprach.

Mit der Revolution war Kuba zum Vorreiter für das Menschenrecht auf Bildung und zum Beispiel für die Beseitigung des Analphabetismus geworden. Nach der Unabhängigkeit Angolas hatte Fidel Castro der jungen Republik nicht nur Freiwillige für die Verteidigung gegen die militärischen Angriffe des südafrikanischen Apartheidregimes geschickt, sondern auch Experten zur Unterstützung beim Aufbau des jungen Staates. Von etwa 50.000 zivilen Aufbauhelfern arbeiteten zwischen 1976 und 1991 etwa 10.000 pädagogische Berater, Lehrer und Dozenten in Angola. Sie beeinflussten maßgeblich die Konzeption und Umsetzung eines postkolonialen Bildungssystems. Diese Zusammenarbeit war ein Novum in der afrikanisch-lateinamerikanischen Geschichte des 20. Jahrhunderts und gilt als einzigartiges Beispiel für eine neue Qualität der Süd-Süd-Kooperation. Die Voraussetzungen in Angola waren allerdings deutlich ungünstiger als die im vorrevolutionären Kuba. Die Analphabetenrate war höher, die Zahl von Aktivisten, die an der Alphabetisierungskampagne mitwirken konnten, geringer. In gut 15 Jahren wurden dennoch über 2,4 Millionen der schulpflichtigen und erwachsenen Angolaner alphabetisiert (Hatzky, S. 156ff.), bevor drei Jahrzehnte Bürgerkrieg einen Teil der zunächst erreichten Fortschritte wieder zunichtemachten.

Einen weiteren Beleg für den von Castro immer wieder herausgestellten Zusammenhang von Bildungsgerechtigkeit und Gesellschaftssystem lieferte die Entwicklung in Nicaragua. Nach dem Sturz der Somoza-Diktatur im Juli 1979 war es der sandinistische Regierung mit kubanischer Unterstützung in nur zwei Jahren gelungen, die Analphabetenquote von 65 auf 12 Prozent zu senken. Nach dem überraschenden Sieg des antisandinistischen Wahlbündnisses UNO (Unión Nacional Opositora) im Februar 1990 begann die Regierung der konservativen Zeitungsverlegerin Violetta Chamorro unter dem Druck von IWF-Auflagen mit der Privatisierung der öffentlichen Bildung. Als Folge waren im Jahr 2006 laut Entwicklungsprogramm der Vereinten Nationen (UNDP) abermals rund 23 Prozent der Bevölkerung Analphabeten, der Deutsche Entwicklungsdienst ging sogar von 33 Prozent aus.[49] Mit dem erneuten Wahlsieg der sandinistischen FSLN im Januar 2007 wurde der Besuch öffentlicher Schulen wieder kostenlos. Im Kampf gegen den Analphabetismus wurde die kubanische Methode »Yo, sí puedo« (Ja, ich kann) angewandt. Kuba lieferte die technische Ausrüstung und schickte Lehrer.

Das Alphabetisierungsprogramm »Yo, sí puedo« geht auf eine Idee Fidel Castros zurück und war seit 2001 unter Leitung der 2015 verstorbenen kubanischen Pädagogin Leonela Relys Díaz entwickelt worden.[50] Mit Hilfe der – im Jahr 2006 von der Kulturorganisation der Vereinten Nationen (UNESCO) ausgezeichneten – Methode haben weltweit mehr als acht Millionen Menschen in 31 Ländern, insbesondere in Lateinamerika, aber auch in Afrika, Asien, Australien, Europa und Kanada, das Lesen und Schreiben erlernt. In Venezuela, wo die bolivarianische Regierung bei ihrem Antritt im Jahr 1999 eine Analphabetenrate von zehn Prozent vorgefunden hatte, kündigte Präsident Hugo Chávez eine groß angelegte Kampagne an. Mit Hilfe Kubas begann Mitte 2003 die »Mission Robinson« (Kampf um Venezuela, S. 123 f.). Im September 2005 verkündete Chávez in

49 www.bpb.de/internationales/amerika/lateinamerika/44824/bildungspolitik?p=all

50 Details unter: www.fidelcastro.cu/es/internacionalismo/alfabetizacion

der 60. UN-Vollversammlung: »1.406.000 Venezolaner haben innerhalb von anderthalb Jahren Lesen und Schreiben gelernt.« Die UNESCO überprüfte die Fakten und erklärte Venezuela 2005 – als zweites Land der Region nach Kuba – für frei vom Analphabetismus. Als drittes Land Lateinamerikas, das sich nach den Kriterien der UN-Organisation mit einer Analphabetenrate von unter vier Prozent diesen Titel verdiente, folgte 2014 Bolivien. Seit dem Regierungsantritt von Präsident Evo Morales und dessen »Bewegung zum Sozialismus« im Jahr 2006 waren dort mit Hilfe der Lehrmethode »Yo, sí puedo« fast eine Million Menschen alphabetisiert worden.

So wie Castro sich im eigenen Land neben der Beseitigung des Analphabetismus vorrangig dem Aufbau des Gesundheitssystems gewidmet hatte, setzte er dieselben Prioritäten für Kubas internationale Missionen. In seiner ersten Rede vor der Generalversammlung der Vereinten Nationen – laut dem Guinness-Buch der Rekorde mit rund viereinhalb Stunden die längste jemals vor der UNO gehaltene Rede eines Staatsoberhauptes – verglich er am 26. September 1960 die Zustände in Kuba bis zur Revolution mit denen in anderen Teilen der Welt: »Der Fall Kuba ist der Fall aller schwach entwickelten und kolonialen Länder« (Fanal Kuba, S. 69). Das in der ersten »Deklaration von Havanna« postulierte »Recht der Kranken auf unentgeltlichen ärztlichen Beistand und Pflege« sollte nach Castros Vorstellungen nicht nur in Kuba, sondern global gelten. Fidel machte das humanistische Konzept José Martís zur Richtschnur der kubanischen Politik, deren sozialpolitisches Engagement tatsächlich nicht nur der Bevölkerung des eigenen Landes zugute kommt. So leistete Kuba nach dem Reaktorunfall von Tschernobyl (Ukraine) im April 1986 als eines der ersten Länder in der Welt Soforthilfe für strahlengeschädigte Kinder. Fidel Castro begrüßte einige von ihnen bei Ankunft der ersten Maschine aus der Ukraine am Flughafen von Havanna. In dem bis 2012 gelaufenen Projekt behandelten die kubanischen Mediziner über 26.000 Opfer der Nuklearkatastrophe. Zentrum der Hilfsmaßnahme war ein speziell für strahlenkranke Kinder eingerichtetes Areal am Strand von Tarará, östlich der kubanischen Hauptstadt. Zu den Einrichtungen gehörten Wohnhäuser, zwei Krankenhäuser, eine stomatologische Klinik sowie Theater, Schulen, Parks und Erholungsgebiete, darunter zwei Kilometer Strand. In zahlreichen Fällen dauerten Behandlung, Pflege und Erholung der meist unter Schilddrüsenkrebs und Leukämie leidenden jungen Patienten bis zu einem Jahr. Auch auf der Krim wurde im Rahmen des Projekts eine medizinische Einrichtung betrieben, in der eine medizinische Brigade aus Kuba zwischen 1989 und 2011 jährlich rund 6.000 Patienten versorgte.

Die durch den Untergang der Sowjetunion und des sozialistischen Lagers in Osteuropa ausgelöste Sonderperiode war noch nicht überwunden, als durch die Hurrikane »Georges« und »Mitch« 1998 über 10.000 Menschen in Zentralamerika und der Karibik ihr Leben verloren und Millionen obdachlos wurden. Kuba reagierte sofort und schickte in die am stärksten betroffenen Zonen Medizinbrigaden, die aus Ärzten, Krankenpflegern und anderem Fachpersonal bestanden. Als weitere Reaktion auf die Katastrophe kündigte Fidel Castro im November 1998 die Errichtung einer Medizinhochschule zur kostenlosen Ausbildung von Studenten aus Ländern des globalen Südens an. Da Kuba nur über begrenzte Ressourcen verfügte, argumentierte Castro, sei es sinnvoll – als Ergänzung zu den kubanischen Missionen – junge Menschen aus dem globalen Süden in Kuba zu Medizinern auszubilden. Ein Jahr nach Castros Ankündigung wurde in Havanna 1999 die Lateinamerikanische Schule für Medizin (Escuela Latinoamericana de Medicina, ELAM) eröffnet.[51] Die ELAM nahm ihren Unterricht mit 933 Studierenden aus 18 Ländern auf. Bis Anfang 2017 hatten dort nach

51 Details dazu auf der Website der ELAM: http://instituciones.sld.cu/elam/ (zuletzt abgerufen am 1.7.2018)

einer zehn Semester dauernden Ausbildung und einem einjährigen Praktikum bereits mehr als 25.000 Studentinnen und Studenten aus 84 Ländern ihre staatliche Abschlussprüfung zur Erlangung des medizinischen Doktortitels bestanden. Die meist aus armen Verhältnissen stammenden Absolventen, darunter auch Stipendiaten aus den USA, verpflichteten sich, als Ärzte in ihre Heimatländer zurückzukehren. Mehr als zehn Jahre trug ausschließlich der kubanische Staat die Ausbildungskosten der Studenten; seit 2012 werden an der Hochschule zusätzlich auch Studierende ausgebildet, deren Kosten von den jeweiligen Herkunftsländern übernommen werden.

Mit Beginn der Sonderperiode war Kuba nicht mehr in der Lage, seine medizinischen Missionen weltweit kostenlos zur Verfügung zu stellen. Bereits Angola hatte für die Einsätze von Lehrern und Ärzten materielle Gegenleistungen erbracht. Nun wurden die ärztlichen Dienstleistungen, wie Castro einräumte, zu einem wichtigen »Posten beim Güter- und Dienstleistungsaustausch des Landes mit der Welt auf dem Gebiet der Wirtschaft«.[52] Der Revolutionsführer betonte zugleich aber, dass Kuba nicht aufhören werde, »den 60 Ländern der Dritten Welt, die keine wirtschaftlichen Mittel haben, seine ärztliche Kooperation weiterhin vollkommen kostenlos zur Verfügung zu stellen« (ebd.). Seit 1962, als die erste Ärztebrigade von der Karibikinsel in Algerien eintraf, war Kuba durch derartige Einsätze zur einzigen und oft letzten Hoffnung für viele Menschen in den Ländern des Südens geworden. »Das medizinische System Kubas hat eine große Bedeutung für die gesamte so genannte Dritte Welt«, befindet der renommierte Schweizer Krebsforscher und ehemalige Chefarzt für Onkologie im Spital Bellinzona (Tessin), Prof. Dr. Franco Cavalli. Aus den Erfahrungen seiner medizinischen Einsätze in Lateinamerika weiß Cavalli:

---

52 http://fidelcastroarchiv.blogspot.de/2005/09/rede-auf-der-veranstaltung-zur-grndung.html

»Wenn man irgendwo im Urwald auf einen Arzt trifft, ist das mit Sicherheit ein Kubaner oder jemand, der in dem Inselstaat ausgebildet worden ist.«[53] Dieses Engagement seines Landes ergab sich für Castro zwingend aus dem Humanismus José Martís und dem Internationalismus. »Obwohl jeder Mensch und jedes Volk Recht auf ein gesundes Leben hat und das Privileg eines langen und nützlichen Daseins genießen sollte, haben die reichsten und am weitesten entwickelten Gesellschaften, beherrscht vom Gewinn und dem Konsumdenken, die ärztlichen Dienstleistungen in eine vulgäre Ware verwandelt, die so für die ärmsten Schichten der Bevölkerung unerreichbar sind«, erklärte Fidel im September 2005 auf einer Veranstaltung zur Gründung des Ärztekontingents »Henry Reeve«.[54] In dieser Rede wies Castro darauf hin, dass Kuba seine medizinischen Hilfsangebote im Falle von Katastrophen all denen, »die es benötigen«, angeboten habe und weiter anbieten werde, »ohne darauf zu achten, wie tief die ideologischen und politischen Unterschiede oder die erlittenen schwerwiegenden Beleidigungen seitens der Regierungen jeglichen Landes waren« (ebd.). Die Bemerkung bezog sich auf ein Hilfsangebot Kubas an die US-Regierung, nachdem der Hurrikan »Katrina« am 29. August 2005 beim Zug über die US-amerikanische Golfküste verheerende Schäden angerichtet und mehr als 1.800 Menschenleben gefordert hatte. Vom 2. September an standen in Havanna rund 1.600 medizinische Fachkräfte mit gepackten Rucksäcken und 36 Tonnen Arzneimitteln zum sofortigen Abmarsch in die Katastrophengebiete bereit. Doch obwohl die Hilfssysteme der USA komplett versagt hatten und die ärmere, meist schwarze Bevölkerung in New Orleans und anderen Orten noch Monate später unter Seuchengefahr und Krankheiten litt, hatte US-Präsident

53 www.jungewelt.de/artikel/309851.wir-sollten-uns-die-primäre-versorgung-abgucken.html?sstr=franco%7Ccavalli

54 http://fidelcastroarchiv.blogspot.de/2005/09/rede-auf-der-veranstaltung-zur-grndung.html

George W. Bush das Hilfsangebot aus Havanna nicht einmal beantwortet.

In seiner Rede kündigte Castro die Gründung einer Organisation an, die – wie er sagte – »keinen Präzedenzfall auf der Welt« kenne. Er stellte das »Internationale Ärzte-Kontingent Henry Reeve mit Spezialisierung in Katastrophensituationen und schwerwiegenden Epidemien« als neue Einrichtung zur Verstärkung der kubanischen Hilfseinsätze vor. Noch galt AIDS als eine der größten Herausforderung der Menschheit. Doch nur fünf Jahre vor Ausbruch der verheerenden Cholera-Epidemie nach einem schweren Erdbeben in Haiti und neun Jahre vor dem vermehrten Auftreten von Ebola-Fällen in Westafrika erwies Fidel Castro sich – aus heutiger Sicht – wieder einmal als weitsichtiger globaler Akteur. »Wenn die entwickelten, sehr reichen Nationen sich entschließen, wirklich mit den afrikanischen Ländern und anderen der Welt im Kampf gegen AIDS zusammenzuarbeiten, werden sie Fachkräfte wie die des Kontingents Henry Reeve benötigen. Dann wird man schließlich den Wert dieses Schritts in seiner ganzen Größe verstehen«, erklärte Castro. »Die entwickelten und reichen Staaten haben Finanzkapital zur Verfügung, aber keine menschlichen Ressourcen. … Die Ärzte, welche die ländlichen Gebiete, die Dörfer, die Slums und Armenviertel der Städte der Dritten Welt benötigen, müssen ausgebildet werden. Sogar in den unwahrscheinlich reichen Ländern wie den Vereinigten Staaten fehlen Dutzenden Millionen Afroamerikanern, der indigenen Bevölkerung, lateinamerikanischen, haitianischen und anderen Einwanderern ein Programm zur Gesundheitsversorgung und medizinische Betreuung.« Seiner Schilderung der Defizite westlicher Konsumgesellschaften ließ Castro ein Angebot folgen: »Wir bieten an, Fachkräfte auszubilden, die bereit sind, gegen den Tod zu kämpfen. Wir werden beweisen, dass es Antworten auf viele Tragödien des Planeten gibt. Wir werden beweisen, dass der Mensch als Wesen besser sein kann und sollte. Wir werden den Wert des

Bewusstseins und der Ethik beweisen. Wir bieten Leben.«[55] – Nach kapitalistischer Kalkulation und Logik war die Gründung einer globalen medizinischen Eingreiftruppe wie des Kontingents Henry Reeve eine Verschwendung öffentlicher Mittel. Für den kubanischen Sozialismus leistete es dagegen einen Beitrag zur Verwirklichung eines Menschenrechts. Unter den Bedingungen des durch die Blockade hervorgerufenen Mangels war Kuba gezwungen, den Verbrauch materieller Ressourcen einzudämmen und deren Verschwendung vorzubeugen. Ausgaben zur Absicherung der menschlichen Grundbedürfnisse sind aus Castros Sicht jedoch nicht Verschwendung, sondern Zweck des gesellschaftlichen Wirkens. Nicht die Vermehrung von Geldkapital, sondern die Entwicklung von Humanressourcen sah er als Quelle von Humanismus und Fortschritt.

Die von Fidel Castro forcierte Gründung des Ärzte-Kontingents Henry Reeve erwies sich schon bald als segensreich. Beim Cholera-Ausbruch nach dem schweren Erdbeben in Haiti im Jahr 2010 konnte Kuba die Zahl der bereits im Land arbeitenden Mediziner sofort massiv aufstocken. Die Welt sah fassungslos, wie die US-Regierung schwer bewaffnete Soldaten nach Haiti schickte, während kubanische Mediziner in den Elendsvierteln die gefährliche bakterielle Infektionskrankheit bekämpften. Als die wohlhabende westliche Staatengemeinschaft nach Ausbruch der Ebola-Epidemie 2014 in Westafrika noch darüber diskutierte, was zu tun sei, hatte Havanna bereits 165 freiwillige Helfer des Kontingents Henry Reeve nach Sierra Leone, Liberia und Guinea in Marsch gesetzt. Insgesamt waren während der Ebola-Epidemie mehr als 250 kubanische Spezialisten im Einsatz. Die Welt, einschließlich der Vereinigten Staaten, zollte der Karibikinsel für einen Moment Anerkennung und Respekt. Kaum ein Politiker oder Journalist reflektierte jedoch, warum ausgerech-

55 http://fidelcastroarchiv.blogspot.de/2005/09/rede-auf-der-veranstaltung-zur-grndung.html

net und ausschließlich ein an Finanzmitteln und natürlichen Ressourcen armes Land zu derartigen Leistungen imstande war. Laut der Parteizeitung *Granma* waren mit dem Kontingent Henry Reeve seit dessen Gründung durch Fidel Castro am 19. September 2005 bis Anfang 2017 rund 7.300 medizinische Fachkräfte in 19 Ländern tätig. Die für diese Missionen speziell ausgebildeten Mediziner hätten über 3,5 Millionen Menschen betreut und etwa 80.000 Patienten das Leben gerettet.[56]

Weltweite Herausforderungen

Mit Auflösung der Sowjetunion am 26. Dezember 1991 hatte Kuba nicht nur seinen mächtigsten Bündnispartner, sondern auch die bisherige Voraussetzung für das wirtschaftliche Überleben verloren. Bis dahin waren 85 Prozent des Außenhandels mit RGW-Ländern abgewickelt worden, über 90 Prozent des Erdöls, 86 Prozent der Rohstoffe, 80 Prozent der Maschinen, Ersatzteile und elektrischen Geräte sowie 63 Prozent der Nahrungsmittel wurden von dort bezogen. »Als die UdSSR und der sozialistische Block zusammenbrachen, hätte niemand auch nur einen Pfifferling auf das Überleben der Kubanischen Revolution gegeben«, erinnerte sich Castro (Ramonet, S. 399) an den Beginn der von ihm ausgerufenen »Sonderperiode«. Konnte der Revolutionsführer bei seinen epischen Reden vor der UN-Vollversammlung im Oktober 1979 oder auf der VII. Gipfelkonferenz der Nichtpaktgebundenen Staaten 1983 in Neu-Delhi noch auf die Unterstützung des sozialistischen Lagers zählen, musste er jetzt um das Überleben des eigenen Landes und seines gesellschaftspolitischen Projektes kämpfen. Kaum jemand würde von einem Staatsmann in einer derartigen, die Existenz des eigenen Landes bedrohenden Krisensituation erwarten, dass er den Blick auf globale Probleme richtet. Doch Fidel demons-

56 http://de.granma.cu/mundo/2017-01-31/who-pramiert-kubanisches-kontingent-henry-reeve-fur-internationale-solidarische-arbeit

trierte der Welt, dass er nicht aufzugeben bereit war und dass Kuba – auch wenn es künftig auf sich allein gestellt sein sollte – seine Position in der internationalen Gemeinschaft weiter einzunehmen beabsichtigte.

Vom 3. bis 14. Juni 1992 tagte in Rio de Janeiro die UN-Konferenz für Umwelt und Ernährung. Dieses als »Nachhaltigkeitsgipfel« bezeichnete Treffen galt als größte Versammlung von Staats- und Regierungschefs aller Zeiten. Nach dem Ende des Kalten Krieges wollten 170 Staaten sich auf eine nachhaltige Entwicklung verständigen, die die Lebensgrundlagen für nachfolgende Generationen bewahren sollte. Am 12. Juni war der Konferenzsaal bis zum letzten Platz gefüllt. Fidel Castro trug seine olivgrüne Uniform mit dem rautenförmigen schwarz-rotem Emblem auf den Schultern, in der Mitte – eingerahmt von zwei Palmzweigen – der weiße Stern. Unter der Uniformjacke ein ebenso weißes Hemd mit dunkler Krawatte. »Eine bedeutende biologische Gattung«, begann der Comandante en Jefe aus Kuba seine kurze Ansprache, »ist aufgrund der schnellen und progressiven Beseitigung ihrer natürlichen Lebensgrundlagen vom Aussterben bedroht: der Mensch.«[57] Castro hielt den »Konsumgesellschaften« vor, drei Viertel der Energie zu verbrauchen, die auf der Welt erzeugt wird, obwohl nur 20 Prozent der Weltbevölkerung in ihnen leben. »Sie haben die Meere und Flüsse vergiftet, die Luft verschmutzt, die Ozonschicht geschwächt …, haben die Atmosphäre mit Gasen angereichert, die die klimatischen Bedingungen beeinträchtigen, was katastrophale Auswirkungen hat, die wir schon zu spüren beginnen«, stellte er fest und wies darauf hin, dass die Lösung nicht darin bestehen könne, »die Länder der Dritten Welt zu beschuldigen« oder »die Entwicklung jener zu verhindern, die sie am meisten brauchen«. Der kubanische Staatschef appellierte an die Welt, stattdessen

57 http://fidelcastroarchiv.blogspot.de/1992/06/fidel-castro-auf-der-uno-konferenz-ber.html

den Luxus und die Verschwendung in einigen wenigen Ländern einzuschränken, »damit weniger Armut und weniger Hunger in großen Teilen der Erde herrscht«. Es müsse »der Hunger verschwinden und nicht der Mensch«, knüpfte er an seinen Eingangssatz an. Schließlich forderte Castro, die für Rüstung und Militär aufgewendeten Mittel dafür zu verwenden, »die Gefahr der ökologischen Zerstörung des Planeten zu bekämpfen«. Fidel Castro schloss mit dem Satz: »Morgen wird es zu spät sein für das, was wir schon lange gemacht haben müssten«.[58] Die Forderungen fanden allgemeine Zustimmung, sogar US-Präsident George Bush senior applaudierte. Die Staatschefs beschlossen in Rio eine 350 Seiten dicke »Agenda 21« und drei rechtsverbindliche Konventionen für Klima, für biologische Vielfalt und gegen Wüstenbildung.

Vier Jahre später, Kuba erlebte in der Sonderperiode den Höhepunkt der Versorgungskrise, griff Fidel Castro auf dem Welternährungsgipfel der Vereinten Nationen in Rom seine Argumentation wieder auf. »Der Hunger, unzertrennlicher Wegbegleiter der Armen, ist ein Produkt der ungleichen Verteilung des Reichtums«, begann er seine Rede am 16. November 1996 in der italienischen Hauptstadt. Er schloss mit den Sätzen: »Heute schlägt die Stunde denen, die Tag für Tag an Hunger sterben. Morgen wird sie der gesamten Menschheit schlagen, wenn sie nicht willens, fähig oder in der Lage ist, weise genug zu sein, um sich selbst zu retten.«[59] Zehn Jahre nach Rio war die dortige Aufbruchsstimmung der Ernüchterung gewichen. Der neoliberale Zeitgeist bestimmte zunehmend die Politik. Mit Gründung der Welthandelsorganisation WTO im Jahr 1995 waren Regeln für die Weltwirtschaft vereinbart worden, die im direkten Gegensatz zu den Rio-Beschlüssen für nachhaltige

---

58 ebd.

59 http://fidelcastroarchiv.blogspot.de/1996/11/rede-des-comandante-en-jefe-fidel.html

Entwicklung standen. Auf einer Konferenz zur UN-Konvention über die Bekämpfung von Wüstenbildung und Dürre erklärte Castro im September 2003 in Havanna, der einzige Zweck der WTO sei es zu gewährleisten, »dass die reichen Länder mit ihren Waren ohne jegliche Einschränkung die Welt überfluten und die industrielle und landwirtschaftliche Entwicklung der armen Länder zunichtemachen, deren Zukunft nichts weiter beinhaltet, als Lieferant für Rohstoffe und billige Arbeitskräfte zu sein.«[60] Das »der Welt aufgezwungene Wirtschaftssystem der erbarmungslosen neoliberalen Globalisierung«, warnte Castro, führe dazu, dass »die Menschheit verblendet, unerbittlich und beschleunigt der Vernichtung ihrer natürlichen Lebensgrundlagen« entgegengehe. Das »eigentliche Drama« liege jedoch »in der Unkenntnis über diese Gefahren«. Castros zog daraus den Schluss: »Nach meinem Dafürhalten gibt es keine dringlichere Aufgabe als die der Schaffung eines universalen Bewusstseins, der Vermittlung des Problems an die breiten Massen von Milliarden Männern und Frauen aller Altersstufen einschließlich der Kinder unseres Planeten.«[61]

Seit dem Rio-Gipfel zieht sich die Warnung vor einem möglichen Untergang der Menschheit als roter Faden durch Castros Reden und Aufsätze. Im Vorwort zu seinem Buch »El diálogo de civilizaciones« (Dialog der Zivilisationen) schrieb er 2007: »Wenn ich vor mehr als 15 Jahren in Rio de Janeiro vom Menschen als einer durch die Zerstörung der natürlichen Lebensbedingungen sich im Aussterben befindenden Gattung sprach, so ist diese Gefahr jetzt näher gerückt« (S. 3).[62] Der Schriftsteller Gabriel García Márquez erklärte einmal einem ausländischen Gast, den Fidels häufiges Zurückkommen auf das gleiche The-

60 http://fidelcastroarchiv.blogspot.de/2003/09/ansprache-zur-erffnung-der-gesprche-auf.html

61 ebd.

62 Deutsche Übersetzung: http://fidelcastroarchiv.blogspot.de/2007/09/der-dialog-der-kulturen-buch.html

ma irritierte, »dass diese fast manischen Wiederholungen zu Castros Arbeitsmethode gehörten«. Das Thema der lateinamerikanischen Auslandsschulden, erläuterte Márquez seine Wahrnehmung an einem Beispiel, sei »in einer seiner Ansprachen vor etwa zwei Jahren erstmals aufgetaucht, er hat es dann ausgeweitet, verzweigt, vertieft, bis es sich zu einer Art wiederkehrendem Alptraum entwickelte. Als erstes sagte er – ein einfacher arithmetischer Schluss – sie seien nicht zu bezahlen. Nach und nach ... lernte ich schrittweise seine Erkenntnisse kennen: die Auswirkungen der Verschuldung auf die Ökonomie der einzelnen Länder, ihre politischen und sozialen Folgen, ihr entscheidender Einfluss auf die internationalen Beziehungen, ihre schicksalhafte Bedeutung für eine einheitliche Politik Lateinamerikas. Als letztes lud er in Havanna zu einem großen Kongress für Fachleute ein und hielt eine Rede, die keine der Unbekannten in seinen früheren Gesprächen ungeklärt ließ: Er hatte inzwischen eine umfassende Theorie, die von der Entwicklung bestätigt worden ist.«[63]

Auf der dritten Nachfolgekonferenz »Rio + 20«, die 2012 erneut in der brasilianischen Millionenstadt abgehalten wurde, offenbarte sich das Versagen der Industrieländer. Deren Politiker hatten so gut wie keine der vor 20 Jahren gemachten Zusagen eingehalten. Im Gegenteil: Seit 1992 hatten sich die Lebensgrundlagen auf der Erde dramatisch verschlechtert. Statt – wie vereinbart – mehr, gab es weniger Kontrolle und Regulierung. Die Folge war eine Zunahme der Treibhausgase in der Atmosphäre. Die Überfischung und Vermüllung der Meere, das Abholzen der Wälder, die Ausbreitung der Wüsten, die unkontrollierte Einbringung von Pestiziden, die Erosion fruchtbarer Böden und das Artensterben hatten sich seit 1992 nicht abgeschwächt, sondern verschärft. Der »Earth Overshoot Day«, das ist der Tag eines laufenden Jahres, an dem die Menschheit alle Ressourcen aufgebraucht hat, die der Planet Erde für ein

63 Zitiert nach Hagemann, S. 154f.

Jahr liefert, rückte immer weiter nach vorne. Während dieser Tag 1992 noch auf den 21. Oktober fiel, war es 2012 bereits der 22. August.[64] Am 8. Mai 2015 schrieb Fidel Castro in einer seiner Reflexionen: »Vor 23 Jahren sagte ich in einer Konferenz der Vereinten Nationen über Umwelt und Entwicklung, dass eine wichtige biologische Gattung wegen der schnellen und fortschreitenden Beseitigung ihrer natürlichen Lebensbedingungen in Gefahr sei zu verschwinden: der Mensch. Ich wusste damals jedoch nicht, wie nah wir bereits an diesem Punkt angekommen waren.«[65]

Das Bemerkenswerteste an Castros Mahnungen zur Nachhaltigkeit sind allerdings nicht seine über ein Vierteljahrhundert immer wieder vorgetragenen Analysen und Appelle, sondern – auch hier ist die Einheit von Wort und Tat wieder erkennbar – die in Kuba seit dem Gipfel von Rio eingeleiteten Maßnahmen zur Umsetzung der dort gefassten Beschlüsse. Die Karibikinsel war weltweit einer der ersten Staaten, der die in Rio 1992 unterzeichnete »Agenda 21« umgehend ratifizierte und damit begann, deren Beschlüsse durch eigene Gesetze, Verordnungen und Programme umzusetzen. Das war umso beachtlicher, da eine umweltpolitische Orientierung in Kuba überhaupt erst mit dem Sieg der Revolution 1959 eingesetzt hatte (Göll/Seifried, S. 34). Die im Februar 1976 proklamierte kubanische Verfassung wurde im Juli 1992, nur einen Monat nach dem Rio-Gipfel, erweitert. Der modifizierte Artikel 27 lautet seitdem: *»Der Staat schützt die Umwelt und die natürlichen Ressourcen des Landes. Er erkennt ihre enge Verbindung zur nachhaltigen wirtschaftlichen und sozialen Entwicklung an, die das menschliche Leben wertvoller machen und das Überleben, Wohlbefinden sowie die Sicherheit der gegenwärtigen und zukünftigen Generationen*

---

64 Im Jahr 2018 hatte die Menschheit bereits am 1. August so viel Ressourcen verbraucht, wie die Erde in einem ganzen Jahr erneuern kann.

65 http://de.granma.cu/artikel-und-reflexionen-von-fidel/2015-05-08/unser-recht-marxisten-leninisten-zu-sein

sichert. Die Anwendung dieser Politik obliegt den zuständigen Organismen. Es ist die Pflicht eines jeden Bürgers, zum Schutz der Gewässer, der Atmosphäre, des Bodenerhalts, der Flora, Fauna und des gesamten Reichtums der Natur beizutragen.«[66]

Entsprechend der Vorgaben der »Agenda 21« erfuhr die kubanische Umweltpolitik weitere Veränderungen. Im Jahr 1993 wurde ein nationales Programm mit konkreten Leitlinien zu Umwelt und Entwicklung ausgearbeitet. Ein Jahr später erfolgte im April 1994 die Gründung des Umweltministeriums CITMA (Ministerio de Tecnología y Medio Ambiente)[67], wodurch die Umweltentwicklungsthematik in ökonomischer, ökologischer und sozialer Hinsicht offiziell auf die politische Agenda Kubas gesetzt wurde.[68] In den Jahren nach Verabschiedung des Umweltgesetzes von 1997 und der nationalen Umweltstrategie wurden schrittweise sektorale und territoriale Konzepte entwickelt. Das heißt, jede einzelne der kubanischen Provinzen hat sich mit dieser Herausforderung befasst und eigene Strategien entworfen. Dasselbe erfolgte auch in den verschiedenen nationalen Ministerien. Das Land beteiligte sich zudem an vielfältigen internationalen Umweltprogrammen und unterzeichnete mehrere umweltpolitische Konventionen. Dem Umweltgesetz (Ley de Medio Ambiente) von 1997 folgten darauf bezogene Ergänzungsgesetze, zum Beispiel zur biologischen Sicherheit (1999), zum nationalen System der Schutzgebiete (1999), das Gesetz über Verstöße und Zuwiderhandlungen (1999) und das Gesetz zum Küstenmanagement (2000). Darüber hinaus wurden in verschiedenen Bereichen spezielle Programme ins Leben gerufen, wie das – auch durch die Erfordernisse der Sonderperiode geprägte – Energiesparprogramm (Programa de Ahorro de Elec-

66 www.cubafreundschaft.de/Hintergruende/Verfassung%20Cuba,%20deutsch.pdf

67 www.citma.gob.cu/historia/

68 Siehe dazu: www.ecured.cu/Ministerio_de_Ciencia,_Tecnolog%C3%ADa_y_Medio_Ambiente_(Cuba)

tricidad en Cuba, PAEC) oder das Programm für eine saubere Produktion. Zum wichtigen Bestandteil der kubanischen Umweltpolitik wurde außerdem die Entwicklung von Sensibilisierungsprogrammen und zur systematischen Umwelterziehung in Schulen, Universitäten, Betrieben und Verwaltungen. Über die öffentlichen Medien wurde die Bevölkerung in regelmäßigen Beiträgen informiert, um das allgemeine Bewusstsein in Umweltfragen zu heben (ebd., S. 35 ff.).

Obwohl die finanziellen Möglichkeiten Kubas in der Sonderperiode äußerst begrenzt waren, wurden teilweise erhebliche Mittel in umweltpolitische Maßnahmen investiert. Dazu wurde unter anderem ein spezieller Fonds für die Finanzierung von nationalen oder lokalen Umweltprojekten geschaffen. 2006 wurde Kuba vom World Wildlife Fund (WWF) zum Land mit der höchsten ökologischen Nachhaltigkeit im weltweiten Vergleich erklärt. Zur Nachfolgekonferenz »Rio + 20« erklärte die Delegation aus Havanna, dass aus kubanischer Sicht als Voraussetzung für wirkliche Nachhaltigkeit drei miteinander verbundene Säulen vorhanden sein müssten: Soziale Gleichheit, Wirtschaftsentwicklung und Umweltschutz. Fidel Castro sah die Erfolge, die Kuba in nur wenigen Jahren nach der UN-Konferenz für Umwelt und Ernährung 1992 in Rio erreicht hatte, als Bestätigung seiner Kernthese: »Ich hatte gesagt, dass die Menschheit gerettet werden muss, und dabei bin ich der Meinung, dass allein das Bewusstsein die Waffe ist, mit der die Menschheit gerettet werden kann«.[69]

Enkel von Bolívar und Martí

Im März 1990 reiste Fidel Castro zum Amtsantritt des nach 29 Jahren ersten demokratisch gewählten Präsidenten Fernando Collor de Mello nach Brasilien. 30 Jahre lang hatte er das Land

---

69 http://fidelcastroarchiv.blogspot.de/2007/09/der-dialog-der-kulturen-buch.html

nicht besucht, nun traf er dort alte Freunde wie den Architekten Oscar Niemeyer, die Befreiungstheologen Frei Betto und Leonardo Boff sowie den damaligen Vorsitzenden der Arbeiterpartei PT, Luiz Ignácio Lula da Silva, der Castro zum Mittagessen mit PT-Funktionären in einer Favela am Rande seines Wohnortes in São Paulo einlud. Journalisten hielten Castro vor, dass der Sozialismus mit seinem Untergang in Osteuropa als alternatives Modell ein für alle Mal diskreditiert sei. Castro entgegnete, dass er die dortigen Entwicklungen zwar wahrnehme, das Konzept des Sozialismus aber weiterhin für die Gesellschaftsordnung der Zukunft halte. Er lenkte die Gespräche dann auf die Einheit der lateinamerikanischen Länder. Wenn die Nationen der Region sich nicht auf eine gemeinsame Politik und solidarische Wirtschaftsbeziehungen verständigen könnten, würden sie bald unterentwickelter sein als die Ureinwohner, welche die europäischen Eroberer vor 500 Jahren vorgefunden hatten, warnte er (Baez, Fidel por el mundo, S. 213).

Fidel suchte nach einem strategischen Ansatz, um die ihm bekannten Pläne Washingtons für die erneute Befriedung des ehemaligen Hinterhofs zu durchkreuzen. US-Präsident George H. W. Bush hatte siegessicher erklärt, dass nach den Veränderungen in Europa jetzt auch in den meisten Ländern des amerikanischen Kontinents Vertreter von Eliten und Politiker an der Macht seien, die erkannt hätten, dass »die Zukunft Lateinamerikas in … freien Märkten liegt«. In Erwartung der vermeintlich nahen unipolaren Weltherrschaft stellte der Chef des Weißen Hauses im Juni 1990 seine »Enterprise for the Americas Initiative« vor, die auch als »Bush-Plan« oder »Bush-Initiative« bezeichnet wurde. Das Ziel war die Gründung einer Freihandelszone von Alaska bis Feuerland, die er ALCA (Área de Libre Comercio de las Américas) nannte. In Lula da Silva hatte Fidel Castro einen Verbündeten gefunden, der wie er nach einem Weg suchte, die Schockstarre der Linken zu überwinden. Gemeinsam entwickelten sie das Konzept für ein Forum linker lateinamerikanischer Parteien und Organisationen. Vom 4. bis 6. Juli 1990 fand in der gleichnamigen brasilianischen Stadt das »Erste Treffen von São Paulo«[70] mit achtundvierzig teilnehmenden Organisationen statt, darunter die Kommunistische Partei Kubas. Dort spielte das rund einhundert Jahre zuvor von José Martí verfasste Essay »Nuestra América« (Unser Amerika), in dem dieser die nordamerikanische Interessenpolitik in der Region kritisiert und eine antiimperialistische Allianz aller mittel- und südamerikanischen Staaten vorgeschlagen hatte, wieder eine Rolle. Der als »Apostel des freien Amerikas« bezeichnete Martí hatte geschrieben: »Die Bäume haben sich so in Reih und Glied aufzustellen, dass der Riese mit den Siebenmeilenstiefeln nicht durchkann ...« (Martí, S. 63). Auf dem Forum wurde deutlich, dass die lateinamerikanische Linke nach wie vor im Sozialismus die einzige Wirtschafts- und Gesellschaftsordnung sah, die die Verwirklichung der Visionen von Bolívar und Martí ermöglicht.

Fidel Castro konzentrierte sich in den 1990er Jahren wieder verstärkt auf die Wurzeln der lateinamerikanischen und karibischen Befreiungskämpfe. Er hatte sich bereits als Schüler für die erste erfolgreiche Unabhängigkeitsbewegung des Kontinents und deren Anführer François-Dominique Toussaint Louverture begeistert. Der von diesem geleitete Sklavenaufstand auf Haiti war nach heftigen Kämpfen schließlich erfolgreich gewesen und hatte 1794 zur Abschaffung der Sklaverei geführt. Als Napoleon Bonaparte ein Expeditionsheer in die abtrünnige Kolonie entsandte, das den schwarzen Revolutionär gefangen nahm, sagte Toussaint: »Indem ihr mich gestürzt habt, habt ihr nur den Stamm des Baumes gefällt, er wird wieder aus den Wurzeln wachsen, denn sie sind tief und zahlreich« (Hanke, S. 139).

70 Später wurde das »Bündnis gegen Neoliberalismus für eine neue Ära in Lateinamerika« als »Forum São Paulo« zu einer ständigen Plattform für die Entwicklung politischer Strategien für Lateinamerika und die Welt.

Tatsächlich führten hunderttausende ehemalige Sklaven den Kampf weiter. Haiti wurde das erste Land Lateinamerikas, das sich aus dem Status einer Kolonie befreite und am 1. Januar 1804 die staatliche Unabhängigkeit erlangte. Das Land engagierte sich für die Abschaffung der Sklaverei auch in den noch bestehenden Kolonien des Kontinents und unterstützte Venezuela, Peru und Kolumbien bei ihrem Unabhängigkeitskampf unter den Revolutionsführern Simón Bolívar und Francisco de Miranda.

Bolívar war über den Ansatz der Haitianischen Revolution hinausgegangen. In dem 1815 verfassten »Brief von Jamaika«, der als »Manifest seiner politischen Vorstellungen« gilt, hatte er alle Kolonien dazu aufgerufen, sich im Kampf gegen die Spanier zu vereinigen. Später richtete er diesen Appell auch gegen die USA. »Die Vereinigten Staaten sind von der Vorsehung dazu bestimmt, Südamerika ins Elend zu stürzen und sich dabei mit der Freiheit zu tarnen«, schrieb er (Lawrezki, S. 336). In Kuba hatte der Studentenführer und Mitbegründer der Kommunistischen Partei, Julio Antonio Mella, den von Karl Marx heftig kritisierten »Libertador« (wie Bolívar genannt wird) wieder für die avantgardistische lateinamerikanische Linke reklamiert (Zeuske, S. 104). Den jungen John F. Kennedy beschlich im Jahr 1960, noch vor seiner Wahl zum Präsidenten, bereits eine düstere Ahnung: »Fidel Castro ist auch ein Erbe Bolívars, der seine Männer über die Anden führte und der spanischen Herrschaft den ›Krieg bis zum Tod‹ ansagte« (Skierka, S. 479). Gabriel García Márquez sah dies ähnlich, formulierte es als Südamerikaner jedoch mit anderen Worten. »Fidels Vision vom Lateinamerika der Zukunft ist die gleiche wie die von Bolívar und Martí: eine integrierte und selbstständige Gemeinschaft, die in der Lage ist, das Geschick der Welt zu beeinflussen« (ebd.).

Am 4. Februar 1992 scheiterte in Venezuela ein Aufstand von Armeeoffizieren, die dem »Movimiento Bolivariano Revolucionario 200« (MBR-200) angehörten. Diese Bewegung war in den 1980er Jahren von Hugo Chávez gegründet worden und berief sich auf die Ziele Simón Bolívars. Hugo Chávez, der Anführer der Rebellion, wurde inhaftiert, aber bereits im März 1994 – unter der Bedingung, aus dem aktiven Militärdienst auszuscheiden – aus dem Gefängnis entlassen. Fidel Castro, der auf den jungen Offizier aufmerksam geworden war, lud Chávez nach Havanna ein, wo er ihn wie einen Staatsgast empfing und persönlich am Flughafen abholte. Am 14. Dezember 1994 sagte Chávez in der Universität von Havanna: »Eines Tages, hoffen wir, nach Kuba zurückzukehren, und dass wir dann in der Lage sind … uns gegenseitig zu unterstützen in einem revolutionären lateinamerikanischen Projekt, an dem wir Lateinamerikaner schon seit Jahrhunderten arbeiten – an dieser Idee von einem hispanoamerikanischen, lateinamerikanisch-karibischen Kontinent, in dem alle in einer einzigen Nation integriert sind«.[71] Castro erinnerte knapp 20 Jahre später an seine erste Auslandsreise nach dem Sieg der Kubanischen Revolution, auf der er am 23. Januar 1959 in Caracas erklärt hatte: »Venezuela ist die Heimat des Libertadors, wo die Idee der Vereinigung der Völker Amerikas geboren wurde. Deshalb sollte Venezuela das führende Land in der Union der Völker Amerikas sein.«[72]

Am 6. Dezember 1998 wurde Hugo Chávez mit mehr als sechsundfünfzig Prozent der Stimmen zum Präsidenten Venezuelas gewählt. Als Alternative zu den ALCA-Plänen Washingtons gründeten Castro und Chávez wenig später die »Alternativa (später: Alianza) Bolivariana para los Pueblos de Nuestra América«, die Bolivarianische Allianz für die Völker unseres Amerika, deren Abkürzung (ALBA) auch für »Morgenröte« steht. In der Gründungserklärung vom Dezember 2004 hieß es, »dass die ALBA die Umwandlung der lateinamerikanischen Gesellschaften« zum Ziel habe, um »mehr Gerechtigkeit, mehr Kultur,

71 http://67329.forumromanum.com/member/forum/forum.php?action=std_show&entryid=1092862165&USER=user_67329&threadid=2

72 www.fidelcastro.cu/de/artikel/wir-haben-unseren-besten-freund-verloren

mehr Beteiligung und Solidarität zu ermöglichen«. Castro hatte diese Idee bereits wenige Monate nach dem Sieg der Kubanischen Revolution erstmals öffentlich vertreten. Im Mai 1959 schlug er auf einer Wirtschaftskonferenz von 21 lateinamerikanischen Staaten in Buenos Aires einen gemeinsamen Markt in der Region vor. Argentiniens Außenminister Carlos Alberto Florit präsentierte Castro damals als »Vertreter des Neuen Amerika« und der Außenminister Venezuelas, Ignacio Luis Arcaya, ergänzte: »Wir haben hier den Mann, der zum Symbol für den Kampf zur Befreiung Amerikas wurde« (Fidel por el mundo, S. 48 ff.). 45 Jahre später sah Castro die Chance, den Faden wieder aufzunehmen, und konnte mit Gründung der ALBA sein altes Ziel endlich realisieren. Ein weiterer Schritt zur Integration im Sinne Martís erfolgte mit Gründung der »Gemeinschaft der Lateinamerikanischen und Karibischen Staaten« (CELAC) im Februar 2010. Diese Organisation, die eine Gesamtbevölkerung von über 550 Millionen Menschen repräsentiert, besteht aus 33 Mitgliedsländern (alle Staaten des Doppelkontinents mit Ausnahme der USA und Kanadas). Die CELAC war auch als Alternative zur 1948 von den USA initiierten und dominierten OAS gedacht. Auf dem Gründungsgipfel in Caracas[73] bekannten sich die Staats- und Regierungschefs der Mitgliedsländer zu dem Ziel, »den politischen, wirtschaftlichen, sozialen und kulturellen Integrationsprozess« voranzutreiben, und verabschiedeten eine Erklärung, in der das Recht jeder Nation anerkannt wird, »frei und in Frieden ihr eigenes politisches und wirtschaftliches System aufzubauen«. Wie kein anderer Politiker der Region hatte Fidel Castro zeitlebens an die Notwendigkeit einer Union der lateinamerikanischen Welt und der Karibik geglaubt und sich für deren Verwirklichung eingesetzt.

73 Das ursprünglich bereits für Sommer 2011 geplante offizielle Gründungstreffen der CELAC fand wegen der Erkrankung des venezolanischen Präsidenten Hugo Chávez am 2. und 3. Dezember 2011 statt.

Fidels strategisches Talent und sein Gespür für den historischen Moment hatten sowohl die Integration der Länder Lateinamerikas befördert als auch dazu beigetragen, Kubas außenpolitische Isolation in der westlichen Hemisphäre zu durchbrechen. Das zeigten unter anderem die Abstimmungen in der UN-Vollversammlung über die jährlich von Kuba eingebrachte Resolution zur Beendigung der von den USA verhängten Wirtschafts-, Handels- und Finanzblockade. Während der Antrag Kubas bei der ersten Abstimmung im Jahr 1992 lediglich von 59 Ländern (bei drei Gegenstimmen und 71 Enthaltungen) unterstützt worden war, stimmten 2006 bereits 186 UN-Mitgliedstaaten (bei vier Gegenstimmen und einer Enthaltung) für Kuba[74]. Zehn Jahre später erzielte der Antrag ein bis dahin nicht für möglich gehaltenes Rekordergebnis: Von den 193 Mitgliedsländern der Vereinten Nationen stimmten am 26. Oktober 2016 – genau einen Monat vor dem Tod Fidel Castros – 191 Staaten für Kuba; die USA und Israel, die im Vorjahr noch dagegen votiert hatten, enthielten sich. Zum ersten Mal in der Geschichte war der Antrag zur sofortigen Beendigung der US-Blockade ohne Gegenstimme angenommen worden. Zwar fielen Washington und Tel Aviv nach dem Amtsantritt von Donald Trump 2017 wieder in ihr früheres Abstimmungsverhalten zurück, doch die gesetzte historische Marke bleibt unauslöschlich.

---

74 Vgl.: www.cubavsbloqueo.cu/es/votaciones-agnu

4. Ein Unbezwungener

»Was für ein Typ, dieser Fidel«, leitete Che Guevara eine Anekdote über eine ausweglos scheinende Situation der Guerilleros ein, die nach Strandung der Yacht »Granma« unter feindlichen Beschuss geraten waren. »Weißt Du, er nutzte das Maschinengewehrdonnern, um aufzustehen und uns zu sagen: ›Hört, wie sie auf uns feuern! Es zeigt, wie angsterfüllt sie sind. Sie fürchten uns, weil wir sie niedermachen werden.‹ Ohne ein weiteres Wort zu verlieren, nahm er sein Gewehr und seinen Rucksack und setzte sich an die Spitze unserer kleinen Karawane« (Masetti, S. 100). Gabriel García Márquez, der viele ähnliche Geschichten kannte, sah darin eine der wesentlichen Eigenschaften seines Freundes beschrieben. »Eines ist sicher: Wo immer er sein mag, wann immer und mit wem auch immer – Fidel Castro ist da, um zu gewinnen. ... Sein Verhalten angesichts einer Niederlage scheint einer persönlichen Gesetzmäßigkeit unterworfen zu sein. Er wird keine Ruhe finden, ehe er es nicht geschafft hat, die Bedingungen umzukehren und einen Sieg daraus zu machen.«[75] Der argentinische Reporter Jorge Ricardo Masetti konstatierte nach mehreren Interviews, die er 1958 in der Sierra Maestra mit Fidel geführt hatte: »Es war einfach unmöglich, ihn mutlos zu machen« (Masetti, S. 141 f.). Außer seinem Optimismus und der ansteckenden Siegeszuversicht verfügte der Comandante en Jefe über eine Eigenschaft, die ihn absolut glaubwürdig erscheinen ließ und seine Autorität weiter stärkte: »Anders als andere Führer«, stellt Biograf Volker Skierka fest, »hat Castro sich of-

75 Zitiert nach: www.freitag.de/autoren/goggo-gensch/die-geschichte-wird-mich-freisprechen

fenbar nie von materiellen Motiven leiten lassen. Nicht nur die ihn zu kennen vorgeben, auch Gegner glauben, dass er einer der wenigen … ist, die sich nicht an und in ihrem Amt bereichert und Millionen in die Schweiz transferiert haben« (Skierka, S. 493 f.).

Neben den bislang beschriebenen Wendepunkten in Castros Leben, die sein politisches Denken und Wirken beeinflussten und ständig erweiterten, fallen drei weitere seiner Qualitäten besonders auf und liefern mögliche Erklärungen für seine über Jahrzehnte anhaltende Akzeptanz beim überwiegenden Teil der kubanischen Bevölkerung und bei Millionen Menschen in aller Welt:

- Fidel Castro besaß ein untrügliches Gespür für die wichtigsten Bedürfnisse der Volksmassen und die Fähigkeit, als deren selbstloser Advokat aufzutreten. Er vermittelte zudem die Zuversicht, dass die Menschen in der Lage seien, ihre Situation selbst zu verändern, und kämpfend siegen würden.
- Castro verfügte über ein ungewöhnliches Talent als Kommunikator. Seine Informationspolitik und die Reden wirkten glaubwürdig, weil er nichts beschönigte oder Zwecklügen verbreitete. Er verstand es grandios, die eigenen Medien zur Aufklärung und zur Mobilisierung der Massen zu nutzen sowie die Falschmeldungen der gegnerischen zu demaskieren.
- So unglaublich es bei jemandem, der fast fünf Jahrzehnte an der Spitze von Partei, Regierung und Staat stand, klingen mag: Fidel Castro klebte nicht an Posten. Er selbst zog sich von Aufgaben und Funktionen zurück, wenn er sich den Anforderungen nicht mehr gewachsen fühlte.

Die Möglichkeit auch eines frühen Todes hat Fidel nie ausgeschlossen oder gar tabuisiert.

»Schon möglich, dass ich im Sitzen sterbe, aber weder die Amerikaner noch sonst irgendjemand werden mich auf den Knien liegen sehen«, sagte er zu seinem Kampfgefährten Antonio Núñez Jiménez kurz nach dem Sieg der Revolution. Während deren Gegner ihn als einen machtbesessenen, skrupellosen Caudillo[76] dämonisierten, ihn als Diktator stigmatisierten, der dem Land noch als seniler Greis seinen Willen aufzwingen wolle, hatte Castro diese Art von Herrschaft weder angestrebt noch nötig. Möglicherweise finden wir bei Lenin den Hinweis, der das Geheimnis des bis zu seinem Tode unbezwungenen Revolutionsführers aufdeckt. »Mehr als alle Proklamationen und Konferenzen«, schrieb Lenin, »wirkt das lebendige Beispiel, die Inangriffnahme des Werkes in irgendeinem Lande, daran entzünden sich die werktätigen Massen in allen Ländern« (LW 26, S. 471).

Advokat des Volkes

Die stundenlangen Reden Fidel Castros sind legendär. Legionen von Beobachtern versuchten dahinter zu kommen, wie es ihm über Jahrzehnte immer wieder gelingen konnte, zigtausende Zuhörer in seinen Bann zu ziehen. Auch nach Stunden hingen die Menschen fasziniert an seinen Lippen, ließen sich von der einmaligen Mimik und Gestik mitreißen. Selbst bei Hitze oder Regen blieb das Auditorium – wenn Castro sprach – bis zum Schluss. Jeder seiner Auftritte war ein einmaliges Ereignis. Gabriel García Márquez hat dies anschaulich beschrieben: »Er beginnt stets mit fast unhörbarer Stimme, mit unbestimmter Richtung, aber er nutzt jeden Funken, jeden Geistesblitz, um Boden zu gewinnen, Schritt für Schritt, bis er sich plötzlich mit einem großen Paukenschlag seiner Zuhörer bemächtigt. Es ist die Inspiration, ein unwiderstehliches und blendendes Begnadetsein, das nur jene leugnen, die nicht das Privileg hatten, es zu erleben« (Ramonet, S. 24).

76 Die spanische Bezeichnung »Caudillo« stand ursprünglich für »Oberhaupt« oder »Anführer«. In Lateinamerika werden autoritäre, populistisch auftretende Politiker oft im negativen Sinne als »Caudillo« bezeichnet.

Dabei war Castro alles andere als ein Populist, der – nach Beifall heischend – den Menschen erzählte, was sie hören wollten. Auch bediente er sich nie der Rhetorik eines Propagandisten, entworfen von einer PR-Agentur, um die Zuhörer in seinem Interesse zu manipulieren. Castro war kein Redner im Stile eines Wahlkämpfers, sondern sprach mit dem natürlichen Pathos eines Menschen, der angetreten ist, die Welt zu verändern. Immer agierte er auch als Aufklärer. Fidels Ansprachen und Fernsehauftritte waren mit Informationen gespickt, die er oft bis ins kleinste Detail ausführte, und erinnerten mehr an eine Massenbildungskampagne als an Agitation. Seine Art zu reden, entsprach der Überzeugung, die er von José Martí übernommen hatte und mit diesem teilte: »Gebildet sein ist der einzige Weg, um frei zu sein.« Auch stundenlange Reden fesselten die Zuhörer, weil Fidel keine abgehobenen Monologe hielt, sondern den Austausch mit den Massen suchte. Er war überzeugt, dass in der Bildung, Gesundheit, Arbeit und sozialen Sicherheit die wichtigsten objektiven Interessen des Volkes liegen, und suchte im Dialog mit den Zuhörern zu erkunden, welche subjektiven Bedürfnisse und Probleme die Menschen darüber hinaus beschäftigten. »Die Theorie wird in einem Volke immer nur so weit verwirklicht, als sie die Verwirklichung seiner Bedürfnisse ist. … Es genügt nicht, dass der Gedanke zur Verwirklichung drängt, die Wirklichkeit muss sich selbst zum Gedanken drängen«, hatte Marx gefordert (MEW 1, S. 386). Selbst Castros Kritiker attestieren ihm, ein aufrichtiger Advokat der Massen zu sein. »Der wahre charismatische Führer ist ein Medium …, durch das die Seele und der Geist des Volkes fließt«, konzedierte die konservative US-Journalistin Georgie Anne Geyer in einer Charakterisierung des Revolutionsführers (Geyer, S. 88). Castros Kampfgefährte Antonio Núñez Jiménez beschrieb etwas pathetisch dessen »tiefe Liebe zu den einfachen Menschen, die ihn unserem Nationalhelden José Martí so verwandt macht« (Unterwegs mit Fidel, S. 302). Fidel fühle sich zu »pädagogischer Überzeugungsarbeit« berufen, um dazu beizutragen, sinnlose Praktiken der Vergangenheit zu überwinden, meinte er. Jiménez erlebte im Juni 1959 eine Kundgebung in Santa Clara, auf der Castros Rede von Feuerwerkskörpern und Raketen unterbrochen wurde. »Warum werden Raketen abgeschossen«, fragte dieser daraufhin die Bauern. »Wir haben politische Veranstaltungen solchen Stils längst abgeschafft. Warum also so viel Radau mit den Raketen?« Castro beließ es nicht dabei. »Wenn wir das Geld, das wir für Raketen und Feuerwerkskörper ausgeben, in Tomatensetzlingen anlegen würden, dann könnten wir damit so viele Tomaten produzieren, dass man hier einen ganzen Tag lang davon essen könnte«, erklärte er und fügte hinzu: »Wir leben in einer neuen Zeit. Unsere Kundgebungen haben mit denen aus vergangenen Zeiten keine Ähnlichkeit. ... Das nächste Mal organisieren wir ein Meeting mit null Raketen« (ebd., S. 139 f.). Es waren solche Beispiele, die den Leuten einleuchteten und mit denen Fidel sie beeindruckte.

Längst Premierminister des Landes und Akteur in der Weltpolitik interessierte Castro sich auch für scheinbar unbedeutende Details, analysierte gesellschaftliche Fehlentwicklungen und sprach Mängel offen an. Im November 1973 beklagte Fidel auf dem XIII. Kongress des Gewerkschaftsbundes CTC, »dass viele Menschen sich nicht darum kümmern, den Wasserhahn zuzudrehen. ... Das Bewusstsein des sparsamen Umgangs mit Wasser besteht noch nicht. Und die kommunistische Versorgung mit Wasser führt uns zur Wasserverschwendung. Das beweist, dass wir nicht darauf vorbereitet sind, Wasser auf kommunistische Art zu verteilen« (Ausgewählte Reden, S. 94). Dann wendete er sich den Schaffnern in den Autobussen zu, deren Arbeitskraft in der Produktion eigentlich nötiger gebraucht würde. »Voller Vertrauen auf das Bewusstsein der Bevölkerung wurde beschlossen, die Ausgaben für die Schaffner einzusparen. Wie die Bilanz ausweist, scheint die Zahl derer, die nichts für die Busfahrt bezahlen, jedoch zuzunehmen. ... Auch dieses Beispiel zeigt, dass wir auf eine kommunistische Verteilungsweise noch nicht vorbereitet sind« (ebd., S. 95). In fast jeder seiner Reden griff Fidel Alltagsprobleme auf, über die in der Bevölkerung diskutiert wurde. Stets warnte er dabei vor Rechtfertigungen, fertigen Rezepten und dogmatischen Erklärungen. »Unter den vielen Fehlern, die wir gemacht haben, war der bedeutendste, zu glauben, dass jemand etwas vom Sozialismus verstand, oder dass jemand wusste, wie der Sozialismus aufgebaut wird«, sagte er im November 2005 in einer viel beachteten Rede in der Aula Magna der Universität von Havanna.[77] Castros undogmatischer Umgang mit eigenen Fehlern, seine Fähigkeit zur Selbstkritik und die Bereitschaft zur Korrektur von Entscheidungen und politischen Ansichten haben wesentlich zu seinem Ansehen beigetragen. »Castro ist einer der großen Weisen dieser Welt, eine Art Überlebender aus Don Quichotte. Ich bewundere seine Entschlossenheit, sein Selbstvertrauen und seine Ehrlichkeit«, sagte der US-amerikanische Filmproduzent Oliver Stone über ihn (Ramonet, S. 25).

Ausländische Politiker versetzte Castro unter anderem dadurch in Erstaunen, dass er selbst die Verantwortung für Misserfolge übernahm. Auf einer Kundgebung zum 17. Jahrestag des Sturms auf die Moncada-Kaserne musste er am 26. Juli 1970 auf dem Platz der Revolution in Havanna einräumen, dass das ehrgeizige Ziel einer 10-Millionen-Tonnen-Zuckerernte, der »Gran Zafra«, nicht erreicht worden war.[78] Trotz einer Rekordernte von 8,5 Millionen Tonnen wertete er dies als Misserfolg. Fidel Castro schilderte den Menschen auf dem Platz der Revolution – dabei Dokumente, die Wirtschafts- und Parteikader hatten geheim halten wollen, in die Höhe streckend – das gesamte Ausmaß der Probleme und übernahm die Verantwortung

---

77 http://fidelcastroarchiv.blogspot.de/2005/11/rede-von-fidel-castro-prsident-der.html

78 www.cuba.cu/gobierno/discursos/1970/esp/f260770e.html

dafür. Er lobte den Einsatz der Zuckerrohrschläger, sagte, dass sie fast Übermenschliches geleistet hätten und dass es nicht an der Bevölkerung liege, wenn das Ziel nicht erreicht worden sei, sondern an deren Führern. Die Leitung des Staates und er selbst hätten versagt und er habe volles Verständnis dafür, wenn die Massen sich andere Repräsentanten suchten. Der spätere DDR-Ministerpräsident Hans Modrow, der als Vertreter seines Landes während der Kundgebung auf der Tribüne nahe Castro stand, hatte so etwas noch nie erlebt. »Unser Gefühl war, dass hier nicht von oben über etwas geredet wurde, sondern eine Art Dialog stattfand. Da sprach nicht der große Führer zu dem kleinen Volk«, schilderte Modrow seinen Eindruck. »Es war ein Gefühl von Gemeinsamkeit zu spüren, was wir so in der DDR nicht kannten. Auch in der Sowjetunion war diese Art Begegnung zwischen Spitzenpolitikern und der Bevölkerung nicht üblich. Die Analyse und Auseinandersetzung mit Fehlern und Misserfolgen fand bei uns in den dafür zuständigen Leitungsgremien der Partei statt und dort blieben sie auch. Diese offene Art in Kuba ist sicher etwas, was der Kultur und Mentalität geschuldet, sehr stark aber auch durch die Person Fidel Castros geprägt ist, der tiefes Vertrauen in das revolutionäre Bewusstsein seines Volkes hat« (Amboss oder Hammer, S. 73 f.).

Obwohl Fidel Castro den internationalen Medienkonzernen vorwarf, ihre Leser und Zuschauer mit Halbwahrheiten und Desinformationskampagnen zu manipulieren, gab er ausländischen Zeitungen und TV-Anstalten bereitwillig Interviews. Dabei wich er auch heiklen Fragen nicht aus. So äußerte Castro sich – für viele unerwartet offen – zu den weltweit kritisierten Prozessen nach dem Sieg der Revolution. Er sprach über die in den ersten Jahrzehnten nach Staatsgründung gelegentlich noch angewendete Todesstrafe, nahm Stellung zur früh
gung Homosexueller oder den Kampagnen gegen I
kritische Intellektuelle. So sehr Castro den bürgerlic
misstraute, so sehr vertraute er offenbar auf das Bew

kubanischen Bevölkerung und der progressiven Menschen in anderen Teilen der Welt. Er begründete die nach dem Sieg der Revolution geführten Prozesse gegen Mörder, Folterknechte und anderer Verbrecher des verhassten Batista-Regimes, in denen rund fünfhundert Vertreter des alten Unterdrückungsapparates zur Höchststrafe »Tod durch Erschießen« verurteilt worden waren, mit dem Argument, dass es nur deshalb »keine persönlichen Rachefeldzüge« und »keine Lynchjustiz« gegeben habe (Ramonet, S. 243). Castro erinnerte an Szenen nach dem Sturz des Diktators Gerardo Machado im Jahr 1933, als dessen Leute von wütenden Volksmassen aus ihren Häusern geholt und durch die Straßen geschleift worden waren. Dies hätten die Führer der Revolution verhindern wollen und die Bürger deshalb vor ähnlichen Racheaktionen gewarnt. Man habe versprochen, die Beschuldigten vor Gericht zu stellen, zur Verantwortung zu ziehen und streng zu bestrafen. Später räumte Fidel Castro Fehler hinsichtlich der Radikalität des Vorgehens bei den Prozessen ein, verteidigte aber die Gerichtsverfahren und auch die Exekutionen vom Grundsatz her weiter (ebd.).

Zu dem im In- und Ausland kritisierten Prozess gegen General Arnaldo Ochoa bezog Castro ebenfalls offen Stellung. Ochoa, ein »Held der Republik Kuba«, seit 1987 Oberbefehlshaber der kubanischen Truppen in Angola, war 1989 nach der Rückkehr in sein Land verhaftet und vor ein militärisches Ehrengericht gestellt worden. Sein engster Mitarbeiter hatte ausgesagt, auf Ochoas Befehl Kontakt zu Pablo Escobar, dem Chef des Drogenkartells von Medellín, aufgenommen zu haben. Der Angeklagte gestand, Kokain im Wert von mehreren Milliarden Dollar für das Medellín-Kartell in die USA geschleust zu haben. Er habe sich damit aber nicht selbst bereichern, sondern seinem Land helfen wollen, durch die US-Blockade verursachte Engpässe bei der Beschaffung überlebensnotwendiger Ersatzteile und anderer Güter zu überwinden, sagte Ochoa vor Gericht s. Alle Verhandlungen gegen ihn und andere Beschuldigte wurden im Fernsehen übertragen, die kubanische Presse berichtete täglich darüber. In die Vorgänge waren weitere hohe Militärs und Beamte des Innenministeriums verstrickt. Die Situation war gefährlich. Gegner Kubas kolportierten, dass die Führung in Havanna von den Kokain-Geschäften gewusst habe. In den USA mehrten sich Stimmen, die eine militärische Intervention forderten. Arnaldo Ochoa und andere Beteiligte wurden schließlich zum Tode durch Erschießen verurteilt. Die Urteile wurden international heftig kritisiert.

Später äußerte Castro sich generell kritisch über die Todesstrafe, verteidigte die Hinrichtung von Ochoa und seinen Leuten aber weiterhin mit der Begründung, sie hätten das Land in eine große, lebensbedrohende Gefahr gebracht: »Wir mussten hart sein, vor allem da es sich um Leute aus den eigenen Reihen handelte, die das Land und die Revolution auf diese Art kompromittierten« (Ramonet, S. 401). Zugleich legte er jedoch Wert auf die Feststellung, dass die Verurteilten weder Konterrevolutionäre gewesen seien, noch sich persönlich hätten bereichern wollen. »Es handelte sich um eine kolossale, vollkommen unverantwortliche Verrücktheit, die dem Land einen sehr großen Schaden zugefügt hätte.« Diese »Verrücktheit«, sagte Fidel Castro weiter, wäre für die Gegner der Kubanischen Revolution »ein Geschenk des Himmels … gewesen« (ebd., S. 409). Während Kuba-Experten innerhalb der CIA die offizielle kubanische Darstellung und die Vorwürfe gegen die Ochoa-Gruppe für glaubwürdig hielten (Latell, S. 214f.), verbreiten Castro-Gegner bis heute, dass die Regierung selbst an den Drogendeals beteiligt gewesen sei (Fuentes, S. 628ff.). Belege für derartige Unterstellungen wurden allerdings nie vorgelegt. Nach der Hinrichtung von drei Entführern einer mit Passagieren voll besetzten Hafenfähre im Jahr 2003 geriet Kuba erneut in den Fokus der internationalen Kritik. Fidel Castro äußerte Respekt für die Argumente der Kritiker und versicherte: »Eines Tages werden wir den Wünschen all jener Freunde entsprechen können, die uns empfehlen, diese Strafe abzuschaffen« (Ramonet, S. 525 f.). Seit 2003 wurde die Todesstrafe, die formal noch besteht, in Kuba nicht mehr angewendet und seit Jahren gibt es in kubanischen Gefängnissen keine Todeskandidaten mehr. Das Oberste Gericht hatte die Todesstrafe des letzten Hinrichtungskandidaten im Dezember 2010 in eine langjährige Haftstrafe umgewandelt.

Selbstkritik und Korrektur von Fehlern waren für Fidel Castro nicht das Eingeständnis von Schwäche, sondern ein Zeichen von Souveränität und Stärke. »Mein ganzes Leben war ich ein Feind von Dogmen und wir müssen verhindern, dass das Denken der wichtigsten Politiker, der aufgeklärtesten Revolutionäre sich in Dogmen verwandelt, weil jeder Gedanke einem bestimmten Moment, einem bestimmten Umstand entspricht. So können Dinge, die Lenin zu einem Zeitpunkt unter bestimmten Umständen als adäquate Methode gesehen hat, zu einem anderen Zeitpunkt oder unter anderen Umständen die falschen Methoden sein«, sagte er nach Auflösung der Sowjetunion im Gespräch mit Tomás Borge (Borge, S. 82). Eine Position, die Fidel nicht erst zu diesem Zeitpunkt, sondern auch schon Jahre zuvor vertreten hatte. In einer Rede auf einem Kongress von Kulturschaffenden appellierte Castro im Januar 1968 an die Zuhörer, sich nicht an vorgefassten Positionen, sondern an der Realität zu orientieren. »Weil es nichts antimarxistischeres als das Dogma, nichts antimarxistischeres als die Versteinerung der Ideen gibt. Und es gibt Ideen, die mit Kraft im Namen des Marxismus vertreten wurden und die wahrhaftigen Fossilien gleichen. Der Marxismus hat glänzende Denker gehabt: Marx, Engels und Lenin, um von den wichtigsten zu reden. Aber der Marxismus muss entwickelt werden, aus einer gewissen Starre herauskommen, die heutigen Realitäten auf objektive und wissenschaftliche Art erklären, sich als revolutionäre Kraft und nicht als pseudorevolutionäre Kirche aufführen.«[79]

---

79 www.cuba.cu/gobierno/discursos/1968/esp/f120168e.html

Medien- und Kampagnenprofi

Seit seiner Studentenzeit war Fidel Castro sich der Macht der privaten Medienkonzerne und ihres Einflusses auf die Politik bewusst. Er kannte die Geschichte und wusste, wie der US-Multimillionär William Randolph Hearst, Besitzer des damals mächtigsten Zeitungsimperiums, seine Medien im 19. Jahrhundert als Propagandawaffe zur Vereinnahmung Kubas durch die USA eingesetzt hatte. In der Explosion des US-Schlachtschiffes »Maine« im Hafen von Havanna, hatte Hearst eine Chance gesehen, die US-Bevölkerung 1898 für den Krieg gegen Spanien zu begeistern. Als dessen Ergebnis war Kuba zwar formal von der alten Kolonialmacht unabhängig geworden, geriet aber in eine Jahrzehnte währende Abhängigkeit von Washington. Obwohl die Ursache der Explosion damals noch ungeklärt war, hatten die Hearst-Medien den Vorfall genutzt, um mit dem Schlachtruf »Remember the Maine – to hell with Spain« die Stimmung für das anzuheizen, was Lenin als »ersten imperialistischen Krieg um die Neuaufteilung der Welt« bezeichnete (Die Kubanische Revolution, S. 30). Am Beispiel seines Mentors Eduardo Chibás hatte Castro später selbst miterlebt, wie dessen Versuch scheiterte, eine Gegenöffentlichkeit zum Meinungsmonopol der mit korrupten Politikern verbandelten privaten Medien aufzubauen. Wie nicht anders zu erwarten, schlug sich die bürgerliche Presse auf die Seite Batistas. Große Zeitungen wie *El Mundo* und *Diario de la Marina* unterstützten dessen Staatsstreich offen (Grinewitsch, S. 103). Der Studentenführer Fidel, der es seinem Vorbild José Martí als Kämpfer »mit Feder und Machete« gleichtun wollte, betätigte sich als investigativer Journalist. Unter dem Pseudonym »Alejandro« veröffentlichte er zahlreiche Enthüllungsartikel in auflagenschwachen, aber bei Linken und Intellektuellen beachteten Zeitungen wie *Alerta*, *La Calle* und *Bohemia* (Fidel Periodista, S. 232). Castro verachtete, wie er es ausdrückte, »den Schreiberling, der seine Feder verkauft, die Herren, die jeden Monat zehntausend, zwanzigtausend Pesos erhielten, um Loblieder auf die Diktatur zu singen« (Fanal Kuba, S. 77). Der Imperialismus, erklärte er 1960 in einer Fernsehdiskussion, »sucht sich den Mann, der in vielen Fällen an seinen Universitäten studiert hat und dem sie dort die Mentalität einimpfen, die heute das persönliche Verhalten eines Bürgers der Vereinigten Staaten bestimmt. Das heißt die Mentalität eines Mannes, dem man von frühester Jugend an die Sucht nach Geld, nach Gewinn, nach immer größerem Reichtum einimpft« (ebd., S. 78).

Schon relativ früh war Fidel auch persönlich ein Objekt gezielter Falschmeldungen geworden. Am 29. Juli 1953, drei Tage nach dem missglückten Angriff auf die Moncada-Kaserne in Santiago de Cuba, meldete die Zeitung *Ataja* den Tod des »Anführers Fidel Castro«. Andere Blätter druckten die als Sensation aufgemachte Presse-Ente ungeprüft nach. Derartige »Fake-News« begleiteten Castro bis zu seinem Tod. So verbreitete die US-Nachrichtenagentur UPI am 4. Dezember 1956, kurz nach Landung der Guerilleros in Kuba, dass die Anführer der Expedition, darunter Fidel Castro, getötet worden seien. Batista ließ die Nachricht von allen nationalen Medien verbreiten. Der Diktator setzte zunächst darauf, die Rebellion in der Sierra Maestra totzuschweigen. Wenn die Kämpfe überhaupt erwähnt wurden, berichteten die Zeitungen, dass der »terroristische Partisanenherd im Oriente« ausgelöscht worden sei und »Zwischenfälle« dort lediglich von »vagabundierenden Banditen« verübt würden. In den Batista gewogenen Medien wurden neben Meldungen über Fidel Castros Tod auch andere lanciert, nach denen er überhaupt nicht auf der Insel gelandet sei, sondern weiterhin versteckt in Mexiko lebe (Grinewitsch, S. 206). Fidel war klar, dass er solche Lügen nur durch Fakten widerlegen konnte. Er schickte Vertraute mit dem Auftrag nach Havanna, Kontakt zu Journalisten aufzunehmen und einen von ihnen in die Sierra Maestra zu bringen. Doch kein kubanischer Reporter traute sich, zu den Rebellen in die Berge zu fahren.

Also kam nur ein Ausländer in Frage. Der bekannte Journalist Herbert L. Matthews von der *New York Times* war dazu bereit. In seinem ersten Artikel nach dem Besuch im Lager der Guerilleros schrieb Matthews am 24. Februar 1957: »Fidel Castro, der Rebellenführer der kubanischen Jugend, lebt und führt einen harten und erfolgreichen Kampf in der Sierra Maestra. … Es entsteht eine gewaltige Oppositionsbewegung gegen General Batista. Fidel Castro und seine Bewegung sind ein flammendes Symbol der Opposition gegen dieses Regime«.[80] Als das kubanische Verteidigungsministerium behauptete, das Interview habe nie stattgefunden, da Fidel Castro bereits tot sei, veröffentlichte die *New York Times* am 28. Februar 1957 Fotos vom Treffen Matthews mit Fidel. Für Batista entstand der größte nur mögliche Schaden: Der Diktator war gründlich blamiert und die Glaubwürdigkeit der ihm ergebenen Presse untergraben. Zugleich waren die Ziele der Guerilla nun weltweit bekannt geworden. Ihre Revolution wurde ernst genommen. Batistas Anhänger und die rechtskonservativen Kreise in den USA haben dem 1977 verstorbenen Journalisten Herbert L. Matthews seine Reportagen über die Guerilleros in der Sierra Maestra bis zu seinem Tod nicht verziehen.

»Es reicht nicht, dass die Wahrheit wahr ist, sie muss auch verbreitet werden«, fasste Fidel seine Erfahrungen mit den Medien zusammen (Fidel Periodista, S. 13). In der Sierra Maestra ordnete er den Aufbau einer eigenen Radiostation an. Neben der Zeitung *El Cubano Libre* sollte der Rebellensender dazu beitragen, der Propagandamaschinerie des Diktators eigene Informationen entgegenzusetzen. Che Guevara war von der Idee sofort überzeugt und förderte das Projekt. Am 24. Februar 1958 hörten die Bauern in den Bergen Ostkubas zum ersten Mal die Ansage: »Hier ist Radio Rebelde! Hier ist Radio Rebelde! Wir

80 www.nytimes.com/packages/html/books/matthews/matthews022457.pdf

senden aus der Sierra Maestra, dem befreiten Gebiet Kubas.« Fidel Castro wandte sich erstmals am 14. April 1958 selbst über den Sender an die Bevölkerung. Er informierte über die Hintergründe eines gescheiterten Streiks und widerlegte zugleich Falschmeldungen darüber. Castro und Guevara sahen in »Radio Rebelde« ein Instrument der Information sowie zur Politisierung, Orientierung und Mobilisierung der Massen. Innerhalb weniger Monate war der Rebellenfunk zu einer Informationsquelle für Aktivisten und politisch Interessierte im gesamten südlichen Teil des Doppelkontinents geworden. Der argentinische Journalist Jorge Ricardo Masetti, der das Lateinamerika seiner Zeit als »Kontinent der Weinenden« bezeichnete, war 1958 nach Kuba gereist, um zu erfahren, ob dort »eine verblüffende Ausnahmesituation Gestalt angenommen hatte, bei der eine anbrechende Revolution ihrem Triumph entgegen marschierte« (Masetti, S. 35). Der Reporter traf Castro und beschrieb ihn als einen »außergewöhnlichen Mann, der fest daran glaubte, dass er kämpfend siegen würde«. Die über »Radio Rebelde« ausgestrahlten Interviews Masettis mit Fidel und Che verbreiteten sich wie ein Lauffeuer über Kuba und Lateinamerika. Das Erfolgsgeheimnis des Rebellensenders bestand darin, so Fidel Castro, dass »er niemals auch nur ein unwahres Wort übermittelte und nicht ein einziges Ereignis beschönigte« (Grinewitsch, S. 219). Castro, der es verstand, Information und Kommunikation als Waffe in der politischen Auseinandersetzung einzusetzen, war bereits in den Bergen zu einem – wie man es im heutigen Sprachgebrauch nennen würde – »Medienprofi par excellence« geworden.

Als nach dem Sieg der Rebellen und der Enteignung von US-Firmen westliche Medien die Kampagnen der CIA und der geflohenen Batista-Anhänger zunehmend und ungeprüft verbreiteten, geißelte Castro deren Doppelmoral. »Als Kuba von Dieben regiert wurde, gab es keine Kampagne in den Vereinigten Staaten. Als jede Nacht Kubaner getötet, als junge Männer aufgefunden wurden, die mit einer Kugel im Kopf endeten, als sich in den Kasernen die Leichen häuften, als Frauen geschändet wurden, gab es keine Kampagnen« (Coltman, S. 220). Am 21. Januar 1959 demonstrierten eine Million Menschen in Havanna. Sie forderten die Bestrafung der Mörder und Folterknechte des Batista-Regimes und protestierten zugleich gegen die Medienkampagnen. Ausländische Agenturen hatten sich auf die Seite der früheren Täter geschlagen und berichteten über angebliche »Blutbäder in Kuba«. Am 22. Januar rief Fidel daraufhin auf einer Pressekonferenz im Hotel Habana Riviera vor in- und ausländischen Journalisten die »Operation Wahrheit« ins Leben, mit der er den Kampagnen entgegenwirken wollte. Der mittlerweile zum Kampfgefährten gewordene Journalist Jorge Masetti war auf Einladung von Che und Fidel nach Kuba zurückgekehrt und gründete auf deren Bitte am 16. Juni 1959 gemeinsam mit Gabriel García Márquez, dem ebenfalls aus Argentinien stammenden Journalisten Rodolfo Walsh und anderen – als Bestandteil einer Konzeption für eine unabhängige Gegenöffentlichkeit – die kubanische Nachrichtenagentur »Prensa Latina«. Zu deren Unterstützern gehörte unter anderem der französische Philosoph Jean-Paul Sartre. Wie vorausschauend dieser Schritt war, zeigte sich ein Jahr später bei der CIA-Invasion in der Schweinebucht. Westliche Medien, darunter auch die »Tagesschau« des BRD-Fernsehens, verbreiteten tagelang Falschmeldungen über angebliche »Erfolge der Invasoren«. Tatsächlich waren die Söldner jedoch innerhalb von 72 Stunden geschlagen und gefangen genommen worden, wie Prensa Latina aber auch die »Aktuelle Kamera« des DDR-Fernsehens zutreffend gemeldet hatten.

Mit der Gründung des TV-Senders »Televisión del Sur« (Telesur) zum 222. Geburtstag Simón Bolívars realisierten Fidel Castro und Hugo Chávez am 24. Juli 2005 die alte Idee, eine lateinamerikanische mediale Gegenmacht aufzubauen. Der Sender versteht sich als »*Kanal für die Integration Latein-*

amerikas« und ist ein Gegengewicht zu US-amerikanischen Fernsehstationen wie CNN und Univision, der britischen BBC und westlichen Nachrichtenagenturen. Auch darin zeigte sich Castros Grundhaltung, die Dinge nicht zu beklagen, sondern sie zu verändern. Zwar war das Informationsmonopol der den jeweiligen Eliten verpflichteten und vor allem auf Gewinn ausgerichteten privaten Medien im Inland mit dem Sieg der Revolution beseitigt, doch der internationale Nachrichtenmarkt in der westlichen Hemisphäre wurde bis zur Gründung von Prensa Latina und Telesur ausschließlich von großen Medienkonzernen beherrscht. Castro hatte den Menschen in Lateinamerika eine Stimme gegeben und der Welt zumindest die Möglichkeit eröffnet, alternative Informationen zu erhalten und das politische Geschehen auch aus Sicht des globalen Südens beurteilen zu können.

Eine weitere Fähigkeit Castros bestand darin, Massen zu mobilisieren. Er agierte dabei nie wie ein Demagoge, der die Menschen täuscht und manipuliert, um sie für eigene Zwecke zu instrumentalisieren. Castros Ziel waren Kampagnen, die das Ergebnis eines Lern- und Bewusstwerdungsprozesses waren. Wie kaum ein anderer linker Politiker entsprach er dem, was Karl Marx in seiner Kritik der Hegelschen Rechtsphilosophie ausgeführt hatte: »Die materielle Gewalt muss gestürzt werden durch materielle Gewalt, allein auch die Theorie wird zur materiellen Gewalt, sobald sie die Massen ergreift. Die Theorie ist fähig, die Massen zu ergreifen, sobald sie *ad hominem* (am Menschen) demonstriert, und sie demonstriert *ad hominem*, sobald sie radikal wird. Radikal sein ist, die Sache an der Wurzel fassen. Die Wurzel für den Menschen ist aber der Mensch selbst« (MEW 1, S. 385). In seiner Moncada-Rede hatte Fidel Themen aufgegriffen, die der Bevölkerung auf den Nägeln brannten, und zugleich in groben Zügen ein Programm skizziert, das eine Alternative zu den damaligen Missständen bot. Nachdem die Rede aus dem Gefängnis geschmuggelt und zigtausendfach verbreitet worden war, wurde sie zur Basis der ersten, von Castro noch aus der Haft heraus organisierten Massenkampagne, deren Ziel die Amnestie der Moncada-Gefangenen war.

Nach dem Sieg der Rebellen waren die beiden Erklärungen von Havanna in den Jahren 1960 und 1962 weitere Beispiele für Fidels Verständnis von der Souveränität des Volkes, das seinen Willen auf großen Kundgebungen manifestierte. An den beiden »Nationalen Vollversammlungen«, auf denen die Deklarationen verabschiedet wurden, hatten jeweils über eine Million Menschen teilgenommen. Castro verfolgte denselben Ansatz wie Lenin, der gut ein Jahr nach dem Sieg der Oktoberrevolution postuliert hatte: »Es kann … kein Zweifel daran bestehen, dass die revolutionäre Gewalt nur in bestimmten Entwicklungsetappen der Revolution, nur unter bestimmten und besonderen Bedingungen eine notwendige und gesetzmäßige Methode der Revolution ist. Die Organisation der proletarischen Massen, die Organisation der Werktätigen ist ein viel wesentlicheres ständiges Merkmal dieser Revolution und Voraussetzung ihrer Siege. Eben in dieser Organisation von Millionen Werktätigen liegen die besten Entwicklungsbedingungen der Revolution, liegt die unerschöpfliche Quelle ihrer Siege« (LW 29, S. 74). Da die Kubanische Revolution – nach Fidels Verständnis – kein einmaliger Akt, sondern ein sich permanent verändernder Lernprozess war, der auch nach dem Sieg der Rebellen weiterging, hielt er die von Lenin geforderte Organisation der Werktätigen für eine ständige Notwendigkeit. Fidel war zudem davon überzeugt, dass die politische Bildung der Massen durch den revolutionären Prozess selbst erfolgte (Harnecker, S. 37). Geschickt verstand er es, die Mobilisierung der Bevölkerung bei solchen Ereignissen in Gang zu setzen, die, wie Fidel es nannte, den Charakter der »imperialistischen US-Politik« offenbarten. Nach dem Bombenanschlag eines ehemaligen CIA-Agenten auf ein kubanisches Zivilflugzeug im Oktober 1976, durch den 73 Passagiere ums Leben gekommen waren, marschierten in Havanna zum Beispiel Hunderttausende gegen den von Washington geförderten Terrorismus. Ähnliche Massenaufmärsche fanden statt, als die Särge der kubanischen Helfer in Havanna eintrafen, die Ende 1983 bei der US-Invasion in die Karibikinsel Grenada getötet worden waren.

Im Jahr 2000 mobilisierte Fidel erneut Hunderttausende für die Rückkehr des Jungen Elián González. Der Sechsjährige war im November 1999 von seiner Mutter auf ein Floß zur illegalen Überfahrt in die USA gebracht worden. Als das Floß sank, überlebte Elián und wurde von Fischern auf das US-Festland gebracht, wo ein zur rechten Exilkubaner-Szene gehörender Großonkel den Jungen gegen den Willen des in Kuba lebenden Vaters festhielt. Während die Contras in Miami forderten, dass Elián in den USA »in Freiheit« aufwachsen sollte, unterstützte Fidel dessen Vater Juan Miguel González im Kampf für die Rückkehr seines Sohnes. Erst nach einer Reihe von Großdemonstrationen zur damaligen US-Vertretung in Havanna entschieden US-Gerichte – ganz im Sinne der Rechtslage – zugunsten des Vaters. Im Juni 2000 durfte Elián zu seiner in Kuba lebenden Familie zurückkehren. Eine Million Kubaner, einschließlich Fidel Castro, feierten dies auf Havannas Uferpromenade, dem Malecón.

Der größte Erfolg für Fidel Castro war vermutlich das Ergebnis der von ihm begonnenen und von seinem Bruder Raúl fortgesetzten weltweiten Mobilisierungskampagne für die Freilassung der »Cuban Five«. Die Mitglieder der unter diesem Namen bekannt gewordenen Gruppe waren im September 1998 in den USA verhaftet und zu langjährigen, darunter mehreren lebenslänglichen, Freiheitsstrafen verurteilt worden. Ihr einziges »Vergehen« bestand darin, von Miami aus völkerrechtswidrig operierende Terrorgruppen ausgeforscht zu haben, um Anschläge in Kuba zu verhindern. In Kuba wurden im ganzen Land Plakate mit dem Zitat und dem Versprechen Fidels ausgehängt: »¡Volverán!« (Sie werden zurückkommen!). Castro verwendete einen großen Teil seiner bereits schwindenden Energie für die auf Jahre angelegte Kampagne zur Befreiung der »fünf Helden«, wie die Mitglieder der Gruppe in Kuba genannt wurden. Es wurde eine der größten Mobilisierungsaktionen in der kubanischen Geschichte. Weltweit wurden Solidaritätskomitees gegründet. Nobelpreisträger, Staatschefs, Gewerkschafts- und Kirchenführer, Internationale Juristenorganisationen, Künstler, Intellektuelle und Hunderttausende Sympathisanten in aller Welt beteiligten sich. Pessimisten, die angesichts der harten Haltung Washingtons am Erfolg der Kampagne zweifelten, entgegnete Fidel mit der ihm eigenen Entschiedenheit eines Siegers stur: »Sie werden zurückkommen!« Als die letzten Gefangenen der Gruppe am 17. Dezember 2014 – als Ergebnis der Gespräche zwischen Raúl Castro und US-Präsident Barack Obama – im Flugzeug nach Havanna saßen, hatte Fidel auch in diesem Punkt Recht behalten. Einzig in seinem größten Kampf, dem zur Beendigung der von den USA gegen sein Land verhängten Blockade, ist ihm der Erfolg nicht vergönnt gewesen.

Rückzug auf Raten

Seit dem Angriff auf die Moncada-Kaserne hat Fidel Castro immer damit rechnen müssen, Opfer eines Attentats zu werden. Insgesamt sollen 629 Anschläge auf sein Leben geplant und zum Teil verübt worden sein, die er ohne einen Kratzer überstanden hat. Das war nicht voraussehbar. Kurz nach dem Sieg der Rebellen hatte er deshalb erklärt: »Mich zu ermorden würde die Revolution nur weiter stärken. Nach mir kommen andere, radikalere als ich.« (Niess, S. 139 f.). Als Fidel Ende Januar 1959 Informationen über ein geplantes Attentat erhielt, schlug er seinen Bruder Raúl – für den Fall seines Todes – als Nachfolger vor. Am 2. Februar 1959 ernannte der Ministerrat Raúl Castro zum ersten Vertreter des Comandante en Jefe. Seit diesem Zeitpunkt war Fidels Vertretung, etwa bei Auslandsreisen oder

Erkrankungen, sowie die eventuelle Nachfolge geregelt. Gut 40 Jahre lang war das ein hypothetischer Fall. Zu Beginn des neuen Jahrtausends zeigte Fidels bis dahin als unverwüstlich geltende Kondition erstmals Schwächen. Am 23. Juni 2001 musste er in einem Stadtteil Havannas eine Rede – nach drei Stunden in der prallen Sonne – wegen einer Schwindelattacke unterbrechen. Da ähnliches nie zuvor passiert war, bejubelten Medien in Miami bereits seinen nahenden Tod. Die nächsten Freudenausbrüche seiner Gegner verursachte ein – von Fernsehkameras festgehaltener – Sturz im Oktober 2004 in Santa Clara, bei dem Fidel sich Brüche im Schlüsselbein und der Kniescheibe zuzog. »Castro gestürzt«, frohlockte die Presse in Florida. Doch der Revolutionsführer enttäuschte seine Gegner. Fidel hielt sein Arbeitspensum auch während der Rekonvaleszenz aufrecht. Bis zum Dezember 2005 traf er sich zum Beispiel regelmäßig mit dem Journalisten Ignacio Ramonet, der ihn in langen Sitzungen über die wichtigsten Etappen seines Lebens befragte. Die erste Auflage von Ramonets Aufzeichnungen erschien in Kuba im Mai 2006 unter dem Titel »Cien horas con Fidel« (Hundert Stunden mit Fidel). Zwei Monate später – Castro war gerade von einer Reise aus Argentinien zurückgekehrt und hatte am 26. Juli in Bayamo eine lange Rede zum Jahrestag des Moncada-Angriffs gehalten – hielten viele Menschen in Kuba und der Welt den Atem an.

Fidels Sekretär verlas am 31. Juli 2006 im Fernsehen eine »Erklärung des Comandante en Jefe an das Kubanische Volk«[81]. Da er Tag und Nacht ohne ausreichend Schlaf gearbeitet habe, so informierte Fidel die Bevölkerung, habe extremer Stress zu einem Darmbruch mit starken Blutungen geführt. Ein komplizierter chirurgischer Eingriff erfordere eine längere Zeit der Erholung, hieß es weiter. Zum ersten Mal seit 1959 übertrug Fidel all seine Ämter und Funktionen auf eine Gruppe von sieben

81 www.cuba.cu/gobierno/discursos/2006/ale/f310706a.html

Personen, die von Raúl Castro geleitet wurde.[82] Am 1. August 2006 wandte Fidel sich mit einer kurzen Botschaft erneut an »das Volk Kubas und die Freunde auf der Welt«. Er schrieb: »Das Land ist auf seine Verteidigung durch die Revolutionären Armeestreitkräfte und das Volk vorbereitet«[83]. Die Warnung schien nötig, denn während viele Bürger in Kuba um den Comandante bangten, gerieten exilkubanische Contras außer Rand und Band. Zahlreiche Gegner beeilten sich, den unmittelbar bevorstehenden Untergang des Regimes und den Aufstand der Bevölkerung zu prognostizieren. Die Kubanisch-Amerikanische Nationalstiftung (FNCA) rief von Florida aus zu »zivilen und militärischen Erhebungen« auf, um die Regierung zu stürzen. Am 2. August 2006 richtete George W. Bush eine Botschaft an die Bewohner der Insel: »Wir werden euch in euren Anstrengungen für die Errichtung … einer demokratischen Übergangsregierung unterstützen.« Gleichzeitig drohte Busch den Befürwortern der Revolution mit Repressalien, sofern diese sich einem »freien Kuba« widersetzen sollten (Ramonet, S. 19 f.).

Am 4. September 2006 meldete Fidel sich erneut mit einer Botschaft: »Man kann sagen, dass der kritischste Augenblick vorbei ist«.[84] Danach herrschte fast drei Monate Funkstille. Gerüchte über Koma, Siechtum oder Tod des Revolutionsführers kochten von Tag zu Tag höher. Ende November meldete Castro sich dann jedoch wieder – zunächst gelegentlich dann regelmäßig – mit Kommentaren über weltpolitische Ereignisse zu Wort, die er »Reflexionen« nannte.[85] Obwohl Fidels Gesundheitszustand sich mittlerweile deutlich gebessert hatte, deutete er am

82 Die anderen Personen waren: José Ramón Balaguer, José Ramón Machado Ventura, Esteban Lazo, Carlos Lage, Francisco Soberón und Felipe Pérez Roque.

83 www.cuba.cu/gobierno/discursos/2006/ale/f010806a.html

84 http://fidelcastroarchiv.blogspot.com/2006/09/fidels-botschaft-die-bevlkerung-kubas.html

85 Vgl. dazu: http://fidelcastroarchiv.blogspot.com/

17. Dezember 2007 in einem Brief an den Journalisten Randy Alonso Falcón den definitiven Rückzug von allen Staatsämtern an. »Es ist meine elementare Pflicht, mich nicht an Ämter zu klammern, und erst recht nicht den Weg für jüngere Menschen zu versperren …«[86], schrieb er und gab damit Anlass zu neuen Spekulationen. Wohl auch, um der Gerüchteküche endlich ihre Zutaten zu nehmen, stellte Fidel am 18. Februar – sechs Tage vor der im Parlament anstehenden Wahl des Staatsrats – klar, dass er ein Mandat als Abgeordneter akzeptieren, aber das Amt des Staatsratsvorsitzenden weder anstrebe noch annehmen werde. »Es ist immer mein Wunsch gewesen, die Pflicht bis zum letzten Atemzug zu erfüllen …«, betonte Castro. Er erinnerte an seinen Satz vom 17. Dezember des Vorjahres und fügte hinzu: »Ich würde mein eigenes Gewissen verraten, wenn ich eine Verantwortung übernehmen würde, die Mobilität und vollkommene Hingabe erfordert, was ich aufgrund meiner körperlichen Verfassung nicht bieten kann.«[87] Schon Jahre zuvor hatte er gesagt: »Wenn mir morgen etwas passiert, dann tritt mit Sicherheit die Nationalversammlung zusammen und wählt Raúl, da gibt es keinen Zweifel« (Ramonet, S. 675 f.). Fidel fügte hinzu: »Aber er ist nicht viel jünger als ich, und es ist schon mehr ein Generationenproblem. Glücklicherweise haben diejenigen, die die Revolution gemacht haben, drei Generationen geschult. … Es sind neue Generationen, die andere ersetzen werden. Ich habe Vertrauen, … aber wir sind uns darüber bewusst, dass einem revolutionären Prozess viele Gefahren drohen können« (ebd., S. 676). Bei der Wahl zur Nationalversammlung am 20. Januar 2008 wurde Fidel Castro als Abgeordneter bestätigt. Die Position als Erster Sekretär des Zentralkomitees der Kommunistischen Partei Kubas übte er vorerst weiter aus. Nachdem der 2008 zum Präsidenten gewählte Raúl Castro den

86 www.cuba.cu/gobierno/discursos/2007/ale/f171207a.html
87 www.cuba.cu/gobierno/discursos/2008/ale/f180208a.html

VI. Parteitag der Kommunistischen Partei Kubas symbolträchtig am 16. April 2011 – genau fünfzig Jahre nach dem Sieg über die von den USA unterstützten Invasoren in der Schweinebucht – eröffnet hatte, schrieb Fidel am Abend des nächsten Tages in einer Reflexion: »Die neue Generation ist dazu berufen, alles das … zu verbessern und zu verändern, was verbessert oder verändert werden muss.«[88] Damit war klar, dass er nicht wieder für den Parteivorsitz kandidieren würde. Die Wahl Raúl Castros zum Ersten Sekretär des Zentralkomitees der KP am 19. April 2011 war keine wirkliche Überraschung mehr.

Fünf Jahre später begrüßten die Delegierten des VII. Parteitages ihren – wie Raúl seinen Bruder ankündigte – »einzigen Comandante en Jefe« in Havannas Kongresspalast mit stehenden Ovationen. In einer kurzen Ansprache, die die Teilnehmer bewegte und manchen die Tränen in die Augen trieb, beschrieb Castro seinen politischen Lebensweg und warnte vor aktuellen globalen Gefahren. Er schloss mit den Worten: »Bald werde ich 90 Jahre alt sein, das hätte ich nie gedacht, es geschieht nicht als Ergebnis einer Anstrengung, es ist reiner Zufall.« Dann folgten eine Passage, die manche als Abschied interpretierten, und ein Appell. »Bald wird es mir ergehen, wie allen anderen«, setzte Fidel seine kurze Rede fort. »Alle kommen wir an die Reihe, aber die Ideen der kubanischen Kommunisten bleiben … Unseren Brüdern in Lateinamerika und der Welt müssen wir vermitteln, dass das kubanische Volk siegen wird. Vielleicht ist es das letzte Mal, dass ich in diesem Saal spreche. … Ich bedanke mich für die Einladung und die Ehre, dass ihr mir zugehört habt. … Nehmen wir den Marsch auf und perfektionieren wir, was wir perfektionieren müssen, mit größter Loyalität und mit vereinten Kräften.«[89]

---

88 www.cuba.cu/gobierno/reflexiones/2011/ale/f170411a.html

89 http://de.granma.cu/cuba/2016-04-20/nehmen-wir-den-marsch-auf-und-perfektionieren-alles-was-es-zu-perfektionieren-gilt

Am 25. November 2016 um 22.29 Uhr, genau 60 Jahre, nachdem er mit 81 weiteren Guerilleros auf der Motoryacht Granma aus dem mexikanischen Exil zur Befreiung Kubas vom Diktator Fulgencio Batista aufgebrochen war, starb der Comandante en Jefe Fidel Castro Ruz im Alter von 90 Jahren. Zehn Jahre zuvor hatte Raúl Castro sich über die Herausforderungen nach einem möglichen Ableben seines Bruders geäußert. »Fidel kann nicht ersetzt werden, es sei denn wir alle ersetzen ihn«, sagte Raúl im Dezember 2006 in einer Rede an der Universität von Havanna.[90]

90 www.washingtonpost.com/wp-dyn/content/article/2006/12/21/AR2006122101476_pf.html

5. Vermächtnis

Vier Tage nach dem Tod Fidel Castros befand sich Kuba noch immer in einer Art Schockstarre. Am 29. November 2016 versammelten sich rund eine Million Menschen auf der »Plaza de la Revolución« in Havanna. Frauen und Männer, Junge und Alte, Schülerinnen und Veteranen drängten sich Schulter an Schulter auf der ganzen Fläche des Platzes. Auch in der Prachtallee »Paseo« – auf der sonst die Teilnehmer der Mai-Demonstration und anderer Großkundgebungen zum Revolutionsplatz marschieren – sowie in den angrenzenden Straßenzügen standen Menschen, die aus vielen Teilen des Landes und der Welt gekommen waren. Die beginnende Dämmerung nach Sonnenuntergang und die totale Ruhe auf dem Platz waren der Situation angemessen. Vor dem überlebensgroßen Denkmal des Nationalhelden José Martí hatten sich Vertreter aus allen Kontinenten eingefunden. Dutzende Staatsoberhäupter und Regierungschefs, Gewerkschafts- und Kirchenführer, Repräsentanten von sozialen Verbänden und Organisationen der Zivilgesellschaften waren nach Havanna geflogen, manche von ihnen um den halben Erdball, um an der Trauerfeier teilzunehmen. Sie ehrten einen Menschen, der von den Präsidenten Südafrikas und Namibias zu Beginn der Veranstaltung als »einer der größten Helden des 20. Jahrhunderts« bezeichnet wurde. Nach gut dreieinhalb Stunden beendete Raúl Castro die Kundgebung vor den Fassaden mit den erleuchteten Porträts der Guerillaführer Ernesto Che Guevara und Camilo Cienfuegos mit dem Satz: »Lieber Fidel, hier, wo wir normalerweise unserer Siege gedenken, sagen wir dir gemeinsam mit unserem selbstlosen, kämpferischen und heldenhaften Volk: ¡Hasta la

Victoria Siempre![91]« Nicaraguas zu diesem Zeitpunkt gerade wiedergewähltem Präsidenten Daniel Ortega[92] gelang es als einzigem der Staats- und Regierungschefs, eine Art Dialog mit der anfangs noch schweigenden Menschenmenge aufzunehmen. Ortega ließ seinen Blick wortlos über den Platz schweifen, so als suche er jemanden. Leise, zunächst kaum vernehmbar und mit seinen Augen weiter den riesigen Platz absuchend, flüsterte er: »¿Dónde es Fidel?« (Wo ist Fidel?) Als es still blieb, wiederholte Ortega die Frage lauter, so dass auch diejenigen, die sich in den von der Plaza bis zur Uferstraße Malecón erstreckenden Straßen drängten, es hören konnten: »¿Dónde es Fidel?« – »¡Aquí!« (Hier!). riefen zunächst Einzelne in der Menge. Die »Aquí-Rufe« wurden dann immer mehr bis schließlich tausendfach der Ruf skandiert wurde: »¡Yo soy Fidel! – ¡Yo soy Fidel!« (Ich bin Fidel!).

Am folgenden Tag setzte sich der Trauerzug in Bewegung, der die Asche Castros in den Osten Kubas bringen sollte. Die in eine kubanische Flagge eingehüllte und mit weißen Blumen geschmückte Urne wurde von Angehörigen der Fuerzas Armadas Revolucionarias (FAR) auf einem Militärfahrzeug auf dem 950 Kilometer langen Weg von Havanna durch 13 Provinzen der Insel bis nach Santiago de Cuba überführt. Für Castros letzte Fahrt war dieselbe Route ausgewählt worden, auf der die siegreiche Rebellenarmee im Januar 1959 in umgekehrter Richtung marschiert war. Zigtausende Menschen säumten die gesamte Strecke mit Fotos, selbst gemalten Plakaten oder den Fahnen des Landes und der Bewegung des 26. Juli, um sich von Fidel

---

91 Immer bis zum Sieg!

92 Daniel Ortega war Comandante der einstigen Guerillaorganisation und späteren Regierungspartei »Frente Sandinista de Liberación Nacional« (FSLN). Von 1985 bis 1990 war er gewählter Staatspräsident von Nicaragua. Nach Wahlniederlagen 1990, 1996 und 2001 wurde Ortega am 5. November 2006 wiedergewählt und im November 2011 sowie am 7. November 2016 von 72,5 Prozent der Wähler erneut im Amt bestätigt.

Castro zu verabschieden. Mit einer einfachen Zeremonie wurde Fidel Castro Ruz am 4. Dezember 2016 um sieben Uhr früh in Santiago de Cuba bestattet. Dort ruht die Urne in einem schlichten, großen Stein auf dem Santa-Ifigenia-Friedhof, wo sich auch das Grab José Martís befindet. Auch dieses Datum hat in Kuba Symbolcharakter. Der 4. Dezember ist einer der wichtigsten Tage der verbreiteten afrokubanischen Santeria-Religion. Er ist Changó gewidmet, einem der am meisten verehrten Heiligen der Kulte mit Yoruba-Ursprung. Changó ist für viele Anhänger des Kultes der mächtigste und wichtigste Orisha (Gottheit). Der Legende zufolge hat er unzählige Gegner bezwungen und gilt deshalb als unbesiegbar. Wenn sein Name ausgesprochen wird, erheben sich die Gläubigen von ihren Sitzen, um ihn zu begrüßen und ihre Ehrerbietung zu bezeugen.

Schon zu Lebzeiten hatte Fidel Castro jeden Kult um seine Person abgelehnt. Am 27. Dezember 2016 verabschiedete das Parlament ein noch von ihm entworfenes Gesetz, demzufolge keine Straßen, Plätze oder öffentlichen Gebäude nach ihm benannt werden dürfen.[93] Fidels letztem Willen entsprechend, darf es zudem weder Denkmäler und Büsten noch Titel, Orden oder andere Auszeichnungen zu seinen Ehren geben. Auch jegliche Art von Werbung und Nutzung des Namens für kommerzielle Zwecke ist untersagt. Die größte Ehrung für Fidel sei es, sein Konzept der Revolution zu verwirklichen, erklärte Raúl Castro vor der Abstimmung über das Gesetz.

Was bleibt?

Obwohl kein Denkmal an ihn erinnert, kein Platz und keine Straße nach ihm benannt ist – ganz wie er es verfügt hatte –, ist Fidel Castro nach seinem Tod in Kuba so präsent wie zu Lebzeiten. Er gilt dort als der erste Kubaner, der die Vision des

93 http://media.cubadebate.cu/wp-content/uploads/2016/12/Ley-nombre-y-figura.pdf

Nationalhelden José Martí von einem freien, unabhängigen und souveränen Staat verwirklicht hat. Fidel Castro war zudem der erste Staats- und Regierungschef in der Geschichte des Landes, der sein Amt nicht zur persönlichen Bereicherung missbrauchte, nicht nach der Pfeife ausländischer Regierungen oder Konzerne tanzte und dem »Koloss im Norden« – wie Martí die USA genannt hatte – erfolgreich die Stirn bot. Das Ansehen, das Fidel bei der überwiegenden Mehrheit der Bevölkerung auf der Insel, aber auch bei vielen der im Exil lebenden Kubaner genießt, ist für Europäer nicht einfach nachzuvollziehen. Auch seine Gegner gestehen Castro zu, dass es ihm immer zuerst um Kuba und den Erhalt der nach 500-jähriger Fremdherrschaft von seinen Guerilleros erkämpften Unabhängigkeit ging. Fidel suchte weder nach einem »chinesischen«, noch nach einem »vietnamesischen« oder sonst einem importierten Modell, sondern immer nach dem genuin kubanischen Weg. Seit der Invasion in der Schweinebucht bekannte er öffentlich, dass das einzige System, das seinem Land Souveränität, Bildung, Gesundheitsversorgung und soziale Gerechtigkeit garantieren kann, der Sozialismus sei. Deshalb wies er einen »Dritten Weg zwischen Sozialismus und Kapitalismus« stets entschieden zurück und beendete seine Reden mit den Worten »Patria o muerte« (Heimat oder Tod), die er später ersetzte durch »Socialismo o muerte« (Sozialismus oder Tod).

In Lateinamerika wird Fidel Castro als historische Persönlichkeit in einem Atemzug mit den großen Befreiern Simón Bolívar und José Martí genannt. Er gilt als der Politiker, der deren Ideen von der Integration und Einheit der lateinamerikanischen Länder am weitesten umsetzte. Wer sich dort auf Bolívar, Martí und Castro bezieht, spricht nicht über Vergangenes, sondern über die Zukunft. Alle drei Namen stehen für das hochaktuelle Projekt der Emanzipation von kolonialistischer und imperialistischer Vorherrschaft. Über Lateinamerika hinaus ist Fidel Castro eine Symbolfigur für die Völker des globalen Südens. Er steht für den Kampf gegen Rassismus und den erfolgreichen Widerstand gegen die Dominanz der industrialisierten Länder. Die meist negative Bewertung Fidel Castros durch die offizielle Politik und bürgerliche Medien in Europa und den USA entspricht althergebrachten Mustern. Als der argentinische Journalist Jorge Ricardo Masetti 1958 seine berühmte Reportage über den Kampf der Guerilleros in der Sierra Maestra veröffentlicht hatte, kommentierte sein Kollege Rodolfo Walsh bereits damals: »Als Journalist wusste er sehr genau darüber Bescheid, auf welche Art und Weise Verdienste von Personen konstruiert werden und wie das Vergessen anderer historisch forciert werden kann« (Masetti, S. 18). Die Methode hat sich seitdem nicht verändert. Bürgerliche Historiker und Publizisten, die einerseits dazu neigen, geschichtliche Entwicklungen, die das Ergebnis von Klassenkämpfen sind, vor allem dem Wollen, Wirken und Einfluss einzelner Personen zuzuschreiben, verstehen sich gleichzeitig darauf, das Andenken progressiver Persönlichkeiten auszulöschen und – wo dies nicht gelingt – zu bagatellisieren, zu dämonisieren, herabzuwürdigen oder seines politischen Inhalts zu berauben.

Obwohl Ideen, Wirken und das Beispiel Fidel Castros zahlreiche Aspekte aufweisen, die auch für die politische Lage in Europa Zukunftsimpulse geben könnten, wird seine Bedeutung – selbst in progressiven Kreisen – häufig als gering eingestuft. Auch »Linke« teilen zuweilen eine in den USA und Europa verbreitete Auffassung, wonach »Castros Revolution« gescheitert sei. Während das bürgerliche Demokratiemodell und die Menschenrechtspraxis westlicher Länder meist nur an deren theoretischen Idealen und selten an der Realität gemessen werden, wird die Kubanische Revolution nach anderen Kriterien bewertet. Jede durch ökonomische oder realpolitische Einflüsse verursachte Abweichung von Zielen, die Fidel einst formulierte, gilt als Beleg für deren Scheitern. Ein weiterer Grund für die Skepsis gegenüber Kuba und Castro mag darin begründet sein, dass reformistische Vorstellungen und das Modell eines »Dritten Weges« – nach dem Untergang der Sowjetunion und der sozialistischen Staaten Osteuropas – wieder eine zunehmende Anzahl von Anhängern gefunden haben. Viele Vertreter des sich als links bezeichnenden politischen Spektrums in Europa hoffen, dass soziale Gerechtigkeit, Freiheit von Ausbeutung sowie Frieden und Wohlstand für alle ohne den »gewaltsamen Umsturz aller bisherigen Gesellschaftsordnungen« zu erreichen seien.

Fidel Castro hat sich in der Frage »Reform oder Revolution« anders entschieden. Der von ihm propagierte revolutionäre Weg ist ein Konzept ohne Kompromisse. Es ist ein Weg, der von jedem verlangt, sich klar auf der einen oder der anderen Seite zu positionieren. Im Zentrum der Ideen Fidel Castros steht die Überzeugung, dass es notwendig ist, die politische, ökonomische und kulturelle Macht zu erobern und zu verteidigen. Seine politischen Vorstellungen sind untrennbar mit der Eigentumsfrage verbunden. Ein »Dazwischen« gibt es für Fidel Castro seit 1952 nicht mehr. Diese klare Position unterscheidet ihn von progressiven Staats- und Regierungschefs in anderen Ländern Lateinamerikas; für progressive Europäer, die sich darauf beschränken, parlamentarische Mehrheiten herzustellen, ist sie ein Stachel. Statt sich der von Fidel ins Zentrum seines Denkens gerückten Eigentumsfrage zu stellen, scheint es bequemer, die an Castros Ideen Interessierten entweder als nostalgische »Alt-68er« oder als, wahlweise unerfahrene und/oder jugendliche, »Revolutionsromantiker« abzutun.

Trotz aller nicht zu bestreitenden gegenwärtigen Probleme wie etwa die unzureichende Produktivität, niedrige Einkommen und häufige Versorgungsengpässe hat das Kuba, für das Castro stand und welches für Castro steht, nicht nur eine Invasion, Terroranschläge und eine seit rund 60 Jahren aufrechterhaltene Blockade überlebt, sondern ist heute auch in der Lage, sich erfolgreich Herausforderungen zu stellen, an denen entwickelte Industrienationen scheitern. So wurde das kubanische Niveau der Prävention und Beseitigung von Schäden bei Hurrikans in den USA nie erreicht. Kuba ist das »Vorzeigeland« in Bezug auf Nachhaltigkeit und sozialen Fortschritt. Die Kindersterblichkeit ist die niedrigste, die Lebenserwartung gehört zu den höchsten auf dem gesamten amerikanischen Kontinent. Nirgendwo in der Region wurde das Maß an sozialer Gerechtigkeit erreicht, das Kuba aufzuweisen hat. Auch zu den von Kuba organisierten Alphabetisierungskampagnen und den medizinischen Hilfseinsätzen war kein anderes Land so schnell und in dem Ausmaß imstande wie die kleine, relativ arme und blockierte Karibikinsel. Nach dem Ebola-Ausbruch in Westafrika erkannten sogar Politiker und Medien der USA und Europas an, dass kubanische Ärzte unter Einsatz des eigenen Lebens eine weltweite Katastrophe verhindert hatten. Fidel Castro beharrte in diesem Zusammenhang darauf festzustellen: Nicht *obwohl*, sondern *weil* Kuba den Weg zum Sozialismus eingeschlagen habe, sei sein Land zu derartigen Leistungen fähig.

Fidel Castro hat Alternativen aufgezeigt zu der von den kapitalistischen Großmächten angetriebenen Spirale nach unten, wie sie sich in Form der durch Elend, Umweltzerstörung, Perspektivlosigkeit und imperialistische Kriege verursachten Fluchtbewegungen manifestiert. Sein Denk- und Politikansatz verpflichtet allerdings dazu, sich den Herausforderungen zu stellen, statt sie zu ignorieren. Wo europäische Politiker resigniert auf das »TINA-Prinzip« (There is no alternative) hinwiesen, hielt Castro dagegen. »Eine andere Welt ist möglich«, erklärte er und blieb bis zu seinem Tod davon überzeugt. In Kuba hat Fidel Castro rund 60 Jahre lang bewiesen, dass eine alternative Art zu leben, dass eine andere Gesellschaft nicht nur theoretisch möglich sind, sondern auch realisiert werden können, sofern die Prioritäten entsprechend gesetzt werden. Nicht maximaler Profit, sondern die Bedürfnisse der Menschen müssten das Handeln bestimmen, forderte er. Zwar ist kaum anzunehmen, dass Castros Überlegungen Resonanz bei Politikern finden, die in den Widersprüchen und der Ideologie des imperialistischen Systems gefangen bleiben, doch für Aktivisten sozialer Bewegungen, für Gewerkschafter und Anhänger linker Parteien können Leben, Werk und Ideen Fidel Castros auch in Europa hilfreich bei der Gesellschaftsanalyse sein und Impulse für Strategiedebatten geben.

Auf die Frage angesprochen, welche Bedeutung er nach seinem Tod haben werde, erinnerte Fidel Castro selbst einmal – mit dem ihm eigenen Selbstbewusstsein des Siegers – an den spanischen Nationalhelden, dessen Geschichte er als Kind auf den Schulen der Jesuiten hatte lernen müssen. »Unsere Feinde sollten sich keine Illusionen machen. Ich sterbe morgen und mein Einfluss mag zunehmen«, sagte er. »Ich könnte es so machen wie Cid Campeador[94], den sie tot auf dem Pferd mit sich führten und dadurch Schlachten gewannen.«[95]

---

94 »El Cid«, ein kastilischer Ritter (um 1045-1099), ist der Nationalheld Spaniens. Der Legende zufolge nahm der in einem Kampf tödlich verwundete Feldherr seinen Gefolgsleuten auf dem Sterbebett das Versprechen ab, den Feind erneut anzugreifen. Seinem Wunsch entsprechend band man den Leichnam in voller Rüstung aufs Pferd, das den Toten mit dem Schwert in der Hand in die Schlacht trug. Auf diese Weise motiviert, errangen seine Leute einen glänzenden Sieg über die von der Erscheinung des Totgeglaubten erschreckten Gegner.

95 Ramonet, S. 674 ()

Quellen und Literatur*

Báez, Luis: Absuelto por la historia, La Habana 2001

Báez, Luis: Así es Fidel, La Habana 2009

Báez, Luis: Así es Fidel, Segunda Parte, La Habana 2010

Báez, Luis: El mérito es estar vivo, La Habana 2005

Báez, Luis: Fidel por el mundo, La Habana 2011

Báez, Luis: Secretos de Generales, Barcelona 1997

Bell, José / López, Luisa Delia / Caram, Tania: Documentos de la Revolución Cubana, La Habana 2015

Betto, Frei: Nachtgespräche mit Fidel, Berlin 1987

Borge, Tomás: Un Grano de Maíz – Conversación con Fidel Castro, Ciudad de México 1992

Bourne, Peter G.: Fidel Castro, München 1988

Castro, Fidel: Ausgewählte Reden, Berlin 1976

Castro, Fidel: El diálogo de civilizaciones, La Habana 2009

Castro, Fidel: Der strategische Sieg, Berlin 2012

Castro, Fidel: Die Geschichte wird mich freisprechen, Berlin 2009

Castro, Fidel: Die ökonomische und soziale Krise in der Welt, Dresden 1983

Castro, Fidel: Fanal Kuba, Berlin 1963

Castro, Fidel: José Martí – El autor intelectual, La Habana 1983

Castro, Fidel / Guevara, Che: Materialien zur Revolution, Darmstadt 1968

Castro, Fidel: Rede auf der XXXIV. Vollversammlung der Vereinten Nationen, Dresden 1979

Castro, Fidel: Unsere Stärke liegt in der Einheit, Berlin 1973

Coltman, Leycester: Der wahre Fidel Castro, Düsseldorf / Zürich 2005

Constitución de la República de Cuba, La Habana 2001

Cuba & Angola: Fighting for Africas Freedom and our own, 2. Auflage, New York 2014

Demuynck, Katrien / Vandepitte, Marc: Der Faktor Fidel, Frankfurt am Main 2011

Engels, Friedrich: Das Fest der Nationen in London, MEW Bd. 2, Berlin 1980

Engels, Friedrich: Vorbemerkung zum Deutschen Bauernkrieg, MEW Bd. 16, Berlin 1981

---

* Einige der hier aufgeführten und weitere Bücher kubanischer Verlage können kostenlos als PDF heruntergeladen werden unter: www.cubadebate.cu/categoria/libros-libres/

Enzensberger, Hans Magnus: Das Verhör von Habana, Frankfurt am Main 1970
Feldbauer, Gerhard: Vietnamkrieg, Köln 2013
Fornet-Betancourt, Raúl: José Martí interkulturell gelesen, Nordhausen 2007
Fuentes, Norberto: Die Autobiografie des Fidel Castro, München 2007
Fürntratt-Kloep, Ernst F.: Unsere Herren seid Ihr nicht. Das politische Denken Fidel Castros, 3. Auflage, Köln 2007
Galeano, Eduardo: Die offenen Adern Lateinamerikas, Wuppertal 1981 (2. Auflage)
Geyer, Georgie Anne: Guerilla Prince – The Untold Story of Fidel Castro, Boston 1991
Göll, Edgar: Umwelt- und Nachhaltigkeitspolitik in Kuba, Berlin 2006
Göll, Edgar / Seifried, Dieter: Nachhaltige Entwicklung und Energiewende in Kuba, Potsdam 2015
Grinewitsch, Emilia: Kubas Weg zur Revolution, Berlin 1978
Guevara, Ernesto Che: Der afrikanische Traum, Köln 2000
Guevara, Ernesto Che: Episoden aus dem Revolutionskrieg, Leipzig 1978
Guevara, Ernesto Che / Castro, Raúl: Die Eroberung der Hoffnung, Bad Honnef 1997
Guevara, Juan Martín: Mein Bruder Che, Stuttgart 2017
Grau, Günter: Havanna, Leipzig, 1985
Greiner, Bernd: Die Kuba-Krise, München 2010
Hagemann, Albrecht: Fidel Castro, München 2002
Hagen, Waltraud / Jacobs, Peter: Fidel Castro – Eine Chronik, Berlin 2007
Hanke, Philipp: Revolution in Haiti, Köln 2017
Harnecker, Marta: Fidel Castro's Political Strategy, New York 1987
Hatzky, Christine: Kubaner in Angola, München 2012
Hell, Jürgen: Kurze Geschichte des kubanischen Volkes, Berlin 1966
Hermsdorf, Volker: Die Kubanische Revolution, 3. Auflage, Köln 2018
Hermsdorf, Volker: Kuba – Aufbruch oder Abbruch, Berlin / Böklund 2016
Hermsdorf / Klattenhoff / Kreymann / Salin (Hg.): Kuba im Wandel, Berlin / Böklund 2017
Hermsdorf, Volker: Raúl Castro – Revolutionär und Staatsmann, Berlin / Böklund 2016
Hermsdorf, Volker / Modrow, Hans: Amboss oder Hammer, Berlin / Böklund 2015
Holz, Hans Heinz: Der Sieg der Unbeugsamkeit, junge Welt vom 12.8.2008, S. 10 f.
Huhn, Klaus: Waterloo in der Schweinebucht, Berlin 2011
Koenen, Gerd: Traumpfade der Weltrevolution, Frankfurt am Main 2012
Langer, Heinz: Zärtlichkeit der Völker – Die DDR und Kuba, Berlin 2010
Latell, Brian: After Fidel – Raúl Castro and the future of Cuba's revolution, New York 2007

Lawrezki, Josef: Simón Bolívar – Rebell gegen die spanische Krone, Berlin 1980
Lenin, Wladimir Iljitsch: Staat und Revolution, Werke Bd. 25, Berlin 1960
Lenin, Wladimir Iljitsch: Die große Initiative, Werke Bd. 29, Berlin 1984
Lenin, Wladimir Iljitsch: Gedenkrede für J. M. Swerdlow, Werke Bd. 29, Berlin 1984
Lenin, Wladimir Iljitsch: Rede auf dem 1. Gesamtrussischen Verbandstag der Bergarbeiter, Werke Bd. 30, Berlin 1961
Leonow, Nikolai S.: Raúl Castro – Un hombre en Revolución, La Habana 2015
Martí, José: Mit Feder und Machete, Berlin 1986
Marx, Karl: Zur Kritik der Hegelschen Rechtsphilosophie, MEW Bd. 1, Berlin 1956
Marx, Karl: An Abraham Lincoln, MEW Bd. 16, Berlin 1981
Marx, Karl: Provisorische Statuten der Internationalen Arbeiter-Assoziation, MEW Bd. 16, Berlin 1981
Marx, Karl / Engels Friedrich: Manifest der Kommunistischen Partei, MEW Bd. 4, Berlin 1980
Masetti, Jorge Ricardo: Fidel Castro – Wie ich ihn erlebte, Frankfurt am Main 2018
Matthews, Herbert L.: Castro, Harmondsworth/Middlesex 1970
Merle, Robert: Moncada. Fidel Castros erste Schlacht, Berlin und Weimar 1983
Niess, Frank: Fidel Castro, Reinbek 2008
Nuñez Jiménez, Antonio: Der Weg Kubas, Berlin 1964
Nuñez Jiménez, Antonio: Die Bodenreform auf Kuba, Berlin 1961
Nuñez Jiménez, Antonio: Unterwegs mit Fidel, Berlin 1986
Nuñez Machín, Ana (Hg.): Fidel Periodista, La Habana 2016
Quirk, Robert E.: Fidel Castro, Berlin 2001
Ramonet, Ignacio: Fidel Castro – Mein Leben, Berlin 2008
Rhode, Roman: Fidel Castro, Stuttgart 2014
Rojas, Marta: El juicio del Moncada, Sexta edición, Santiago de Cuba 2016
Schäfer, Horst: Im Fadenkreuz: Kuba, Berlin 2004
Scheer, André: Kampf um Venezuela, Essen 2004
Scheer, André: Venezuela – Reportage aus der Revolution, Berlin / Böklund 2016
Skierka, Volker: Fidel Castro, Reinbek 2005
Smith, Wayne S.: Closest of Enemies: Personal and Diplomatic History of the Castro Years, New York 1988
Suárez Salazar, Luis: Die Revolutionsstrategie des Che, Frankfurt am Main 2009
Talbott, Strobe (Hg.): Chruschtschow erinnert sich, Reinbek 1992
Weiner, Tim: CIA – Die ganze Geschichte, Frankfurt am Main 2009
Zeuske, Michael: Simón Bolívar – Befreier Südamerikas, Berlin 2011